PAUL ARÈNE

CONTES

DE

Paris et de Provence

Édition illustrée de 80 dessins

DE MYRBACH

GRAVÉS PAR FLORIAN

PARIS
ALPHONSE LEMERRE, ÉDITEUR
27-31, PASSAGE CHOISEUL, 27-31

CONTES

DE

Paris et de Provence

DANS LES CHATAIGNIERS

PAUL ARÈNE

CONTES

DE

Paris et de Provence

Édition illustrée de 80 dessins

DE MYRBACH

GRAVÉS PAR FLORIAN

PARIS

ALPHONSE LEMERRE, ÉDITEUR

27-31, PASSAGE CHOISEUL, 27-31

DANS LES CHATAIGNIERS

Il était une fois un pauvre homme et sa femme, qui gagnaient leur vie, en forêt, à soumissionner des « coupées. » Tant que durait la bonne saison, ils allaient devant eux, d'un endroit à l'autre, s'arrêtant aux futaies que les employés forestiers avaient marquées pour être abattues, un mois, deux mois, le temps d'achever le travail. Puis ils se remettaient en route et cherchaient fortune plus loin.

A force de cheminer ainsi, partis du pays Morvandiau, après six ou sept ans, le hasard fit qu'ils arrivèrent dans un petit bois près de Paris, un de ces bois où les bonnes gens vont en famille dîner sur l'herbe.

Il s'agissait de mettre à bas quelques centaines de grands

vieux arbres qui, depuis longtemps, ne profitaient plus ; et, comme la besogne s'annonçait longue, la bûcheronne et le bûcheron commencèrent par se bâtir, ainsi que ceux de leur métier ont coutume, une cahute en branches recouverte de mottes gazonnées. Si vous allez un jour à Clamart, vous pourrez voir la cahute ; elle y est encore, avec son toit tout vert, car le gazon a repoussé, sa cheminée qui fume aux heures des repas, et, devant la porte, la meule à repasser les haches.

Il faut savoir que, cette année, la coupée se trouva mauvaise. On s'était battu dans le bois avec les Prussiens, l'hiver de la guerre ; et les arbres blessés, mais qui avaient continué à vivre, gardaient, sous l'écorce et l'aubier, des éclats d'obus où l'acier des outils s'ébréchait. Cela diminuait de beaucoup les profits.

Aussi, l'automne s'avançant, aussitôt que les bois rougirent, le bûcheron et la bûcheronne se décidèrent-ils à envoyer leur petit aîné sous les châtaigniers ramasser les châtaignes tombées.

— « Petit-Aîné, quand, le soir, tu seras sur la hauteur, si tu vois au loin le ciel tout rouge, et si tu entends comme un grand bruit, ne va pas de ce côté : c'est Paris. »

Et Petit-Aîné, étant monté sur la hauteur à l'heure où le jour baisse, vit en effet le ciel tout rouge, et entendit comme un grand bruit. Il n'alla pas de ce côté, parce qu'il était obéissant et aussi parce qu'il avait peur, n'ayant jamais vu de grand'ville.

Ses parents lui dirent encore :

— « Petit-Aîné, si, tout en marchant, tu te trouves vers

le village, reviens bien vite et ne dépasse pas les maisons : il y a par là de mauvais gars qui pourraient te dérober tes châtaignes. »

Les premiers jours, Petit-Aîné ne dépassa pas les maisons. Mais un dimanche, — c'était la fête et on avait fait venir un certain nombre de boutiques foraines avec un manège de chevaux de bois, — un dimanche, Petit-Aîné ne put résister au désir de regarder les lumières de près et d'écouter de près les musiques.

Pourtant, malgré ce que les parents avaient dit, personne ne vola ses châtaignes à Petit-Aîné.

Les yeux grands ouverts, perdu dans la foule, il put tout à son aise admirer les étalages des marchands et les parades des saltimbanques.

Une seule chose lui donna envie : des gâteaux roulés en cornet, de la couleur des feuilles mortes, qu'une bonne femme vendait : « Voilà le plaisir!... voilà les oublies!... » en faisant claquer sa cliquette. Des gamins mangeaient ces gâteaux, et les moineaux qui les suivaient attrappaient les miettes au vol.

Petit-Aîné, un peu gourmand comme tous les enfants le sont, aurait donné bien des châtaignes pour un de ces gâteaux roulés en cornet, de la couleur des feuilles mortes, que les moineaux avaient l'air de trouver si bons.

Donc, une après-midi qu'il avait beaucoup songé aux oublies, étant dans le bois, sa récolte faite, Petit-Aîné s'assit au pied d'un châtaignier qui laissait voir de grosses racines hors de terre et formait comme un banc moussu.

— « Dînons, dit-il, le jour s'en va! »

Tandis qu'il mordait dans son pain, Petit-Aîné aperçut, assise comme lui au pied d'un arbre, une fillette d'à peu près son âge, mais si belle et si resplendissante, qu'il en resta tout ébloui. Elle avait des brodequins mordorés, une robe nuancée des mille nuances qu'octobre mourant laisse aux ramées, et tenait de la main gauche une pile de gâteaux secs, roulés en cornet, de la couleur des feuilles mortes, qu'elle croquait l'un après l'autre, lentement et malicieusement. De sorte que Petit-Aîné, ayant reconnu des oublies, se sentait venir l'eau à la bouche.

— « Excellents, les plaisirs ! dit la fillette en riant. Tout pur froment et miel d'abeilles ! »

Comme Petit-Aîné ne répondait pas, elle ajouta :

— « Tu es un bon petit garçonnet ; tu n'as jamais maltraité personne, ni les oiseaux qui viennent becqueter ton pain, ni les vieux qui, pour leur hiver, ramassent les éclats de bois que ton père fait avec sa hache. Puisque tu aimes les oublies, je veux bien t'apprendre comment les fées s'en approvisionnent. »

Elle prit la main de Petit-Aîné, et, par les grimpettes qui vont montant, par les raidillons qui dévalent, tous deux arrivèrent bientôt dans un coin du bois où les branches dépouillées laissaient luire le bleu du ciel et où la mousse disparaissait sous un tapis de feuilles mortes.

Et ces feuilles mortes craquaient comme les oublies quand on les croque, et il semblait qu'à leur parfum mouillé se mêlât une appétissante odeur de gâteaux frais sortis du four.

— « Ne sommes-nous point arrivés ? »

— « Si, Petit-Aîné, nous y sommes. »

Alors, s'étant mise à genoux, la fillette remplit de feuilles mortes son tablier.

— « Goûte celle-ci ; elle est à point : dorée et recroquevillée.

— « C'est fin et doux ! » fit Petit-Aîné. Puis, comme il avait excellent cœur, il ajouta :

— « Si vous voulez bien le permettre, je vais jeter les châtaignes de mon sac et le remplir d'oublies pour Cadette, ma sœur, qui va bientôt sur ses six ans et n'a jamais mangé de si bonnes choses. »

Or, pendant que Petit-Aîné remplissait le sac, sa petite amie disparut le laissant à son réveil — car sans s'en douter il avait dormi — tout penaud au milieu des bois, avec un sac de feuilles.

C'étaient bien des feuilles, hélas ! et, quand il voulut y goûter, elles n'avaient plus le même goût.

Comme il se désolait, une vieille vint à passer, une vieille marchande d'oublies, traînant sa boîte en forme de long tambourin, claquant de sa cliquette par habitude, et murmurant : « Voilà le plaisir !... Voilà les oublies !... » bien qu'il n'y eût que les oiseaux du bois pour l'entendre.

Elle vit Petit-Aîné et lui dit :

— « Pourrais-tu m'indiquer le chemin qui mène à la fontaine Sainte-Marie ?

— « C'est facile ! Vous allez suivre tout droit jusqu'au sentier de la Justice, qui vous mènera à l'allée Verte : la fontaine Sainte-Marie est au bout. »

Alors la vieille, soulevant le couvercle peinturluré de sa boîte :

1.

— « Tiens, mon petiot, prends ça pour toi ! »

Et elle mit dans la main de Petit-Aîné deux belles douzaines d'oublies qui, cette fois, n'étaient pas simples feuilles sèches.

Le soir, dans la cahute, tout le monde s'en régala, car Petit-Aîné n'avait point voulu y toucher, sauf à celle du fond, écornée déjà, et qu'il ne put se tenir d'achever en route.

Le bûcheron et la bûcheronne prétendaient connaître la vieille, disant qu'elle s'en allait ainsi, tous les jeudis, par le travers des bois, jusqu'à la fontaine Sainte-Marie, vendre ses gâteaux aux collégiens en promenade.

Mais Petit-Aîné a toujours cru que la vieille marchande d'oublies et la petite fée étaient une même personne. Je suis de l'avis de Petit-Aîné.

LE

FIFRE ROUGE

Hé! petit fifre, que fais-tu là? cria le sergent La Ramée qui s'en allait à la ville voisine quérir la fricassée d'un porc, pour le réveillon du colonel.

— « Voici ce que c'est, monsieur le sergent, répondit le petit fifre : Sa Majesté le Roi, se trouvant dans un besoin pressant d'argent et désirant offrir un château tout neuf en étrennes à sa nouvelle reine, il a été décidé par la Cour des comptes que le régiment, musiciens et soldats, ne toucheraient pas encore de solde ce mois-ci. Alors, comme mère-grand est pauvre et que je n'avais pas un liard en poche pour lui acheter son dinde à Noël, je suis venu jusqu'à la courtine casser la glace du fossé et voir s'il n'y aurait pas moyen de pêcher un plat de grenouilles.

— « Compte là-dessus! dit La Ramée! en hiver, les grenouilles dorment.

— « Je le sais bien, répondit le petit fifre, mais le ciel est bleu, malgré la gelée; peut-être que ce beau soleil les réveillera! »

Et tandis que le sergent La Ramée reprenait sa route en grommelant, le petit fifre, avec courage, se remit à casser la glace.

Ce petit fifre, qui aimait tant sa mère-grand, était bien le plus joli petit fifre que l'on pût rencontrer. Pas plus haut qu'une botte et vêtu de rouge, du tricorne aux guêtres, comme tout le monde au régiment, il avait si bonne grâce, avec ses yeux bleus et ses cadenettes, à siffler des airs, en marquant le pas, devant les hallebardiers barbus, que pour le voir passer, dans les entrées de ville, les dames aux fenêtres oubliaient de regarder le tambour-major.

Presque autant qu'aux rythmes guerriers, le fifre s'entendait à la pêche aux grenouilles. Aussi quand la glace fut percée, le trou déblayé et qu'un joli rond d'eau claire apparut, le fifre eut-il bientôt fait d'improviser sa ligne avec un peu de fil qu'il avait apporté et un roseau sec qu'il coupa. L'appât seul manquait au bout du fil. D'ordinaire, notre pêcheur ne s'en inquiétait guère, se servant pour cela du premier coquelicot venu, car les grenouilles sont goulues au point que tout objet rouge les attire. Mais les coquelicots ne fleurissent pas sous la neige, et vainement il en chercha quelqu'un d'attardé, le long des glacis, dans l'herbe transie.

Il allait partir, fort ennuyé, quand précisément, au-dessus de l'eau une grenouille leva la tête. Paresseuse, comme endormie, elle posa ses pattes de devant sur les bords, ouvrit l'un après l'autre ses jolis yeux d'or au soleil, puis gonfla doucement sa gorge blanche, et poussa un léger *coax* auquel, par-dessous la glace, dans toute l'étendue des fossés gelés aussi vastes qu'un grand étang, d'autres *coax* lointains répondirent.

— « Ce doit être la mère des grenouilles, se dit le petit fifre, qui n'avait jamais vu une grenouille si grosse; quelle occasion et quel dommage de la laisser échapper ainsi! »

Tout à coup il eut une inspiration :

— « Si je prenais, en guise d'appât, la patte qui serre mon haut-de-chausses? Elle est en beau drap rouge d'ordonnance, et certes! les grenouilles y mordraient. »

Aussitôt dit, aussitôt fait; et la patte en drap rouge d'ordonnance se met à danser sur l'eau claire, qu'égayait un joyeux rayon, devant le nez de la grenouille. La grenouille mord, le pêcheur tire, le fil casse, et la grenouille plonge, emportant le drap. Par bonheur, la patte était double : on pouvait hasarder la seconde moitié. La grenouille reparaît sur l'eau, mord encore, le fil casse encore, et la seconde moitié va rejoindre la première.

— « Bah! songea le pêcheur, quel mal y aurait-il à couper un tout petit morceau de ceinture? Personne ne viendra regarder sous les basques de mon justaucorps. »

Et, tirant son couteau, il coupa un petit morceau de ceinture que la grenouille, hélas! emporta comme les autres, et puis encore un, et puis un encore plus bas; puis, il entama le gras des chausses, tant qu'à la fin, la nuit arrivant, il s'aperçut que sa chemise flottait et que l'énorme échancrure petit à petit faite au drap laissait largement passer la bise.

Le sergent La Ramée, qui revenait par là avec une charge de victuailles, trouva le malheureux petit fifre assis sur son derrière et pleurant.

— « Qui est-ce qui m'a fichu un soldat qui pleure? »

Pour toute réponse, hélas! le petit fifre se dressa et se retourna.

— « Mauvaise affaire! murmura le vieux La Ramée, après avoir longuement considéré le corps du délit : détérioration d'effets d'équipement et d'habillement fournis par le gouvernement, c'est un cas de conseil de guerre! »

Puis, ces mots prononcés, il s'en alla en reniflant les poils de sa moustache.

Le petit fifre pleura plus fort. Il se voyait déjà arrêté quand il passerait le pont-levis, mis dans un cachot noir, amené, entre deux gendarmes, devant ses juges. Vainement il essayait de les attendrir, disant :

« Ce n'était pas pour moi, c'était pour apporter un plat de grenouilles à grand'mère, qui est vieille et pauvre et n'a pas de quoi faire son réveillon. »

Le Code militaire restait inflexible. On le dégradait, on lui brisait son fifre et sa petite épée, on le conduisait dans une prairie où, deux mois auparavant, il avait défilé avec la garnison, musique en tête, devant un conscrit fusillé... Alors, songeant à sa grand'mère, transi par le froid, la tête perdue, il eut comme l'envie de mourir tout de suite et se laissa glisser sur le sol gelé vers le trou d'eau noire où déjà des étoiles luisaient...

Dans quel merveilleux paysage le petit fifre se trouva ! A perte de vue les voûtes de glace laissaient filtrer une lumière blanche et douce; et de longues herbes vêtues de cristal, montant du fond en fines colonnettes, puis s'emmêlant aux mousses des bords toutes frangées de barbes d'argent, formaient mille promenoirs à jour et des architectures brodées les plus magnifiques du monde. A droite, à gauche, le long des berges, dans les petites grottes, — trous de rats aquatiques ou d'écrevisses, que font sous l'eau les racines et la terre éboulée, — des grenouilles de toute espèce, en nombre innombrable, dormaient. Il en remplissait d'immenses paniers qu'il destinait à mère-grand... Le conseil de guerre ne l'effrayait plus. Il ne se rappelait plus que vaguement le désastre de son haut-de-chausses. Une seule chose l'étonnait un peu : d'avoir si chaud sous la glace et dans l'eau... Puis il se sentit très heureux et comprit qu'il allait dormir comme les grenouilles.

Le petit fifre dormit longtemps. Tout à coup une voix connue l'éveilla : c'était la voix de mère-grand :

— « Chut, disait-elle, il ouvre les yeux... Oh ! le méchant garçon qui vous fait des transes pareilles ! »

Le petit fifre fut repris de peur quand il aperçut au pied de son lit les yeux embroussaillés et les longues moustaches de La Ramée.

— « Le haut-de-chausses ! le conseil de guerre !... Ne me laissez pas emmener !... »

Et il s'accrochait avec désespoir au casaquin de sa grand'-mère. Mais sa grand'mère le rassura : ce bon La Ramée l'avait tiré de l'eau, à moitié gelé et tremblant la fièvre, puis il avait raconté l'aventure au colonel, et le colonel attendri venait précisément d'envoyer, par un homme à cheval, une aune de boudin, pour le réveillon, avec une paire de chausses neuves.

Le boudin chantait dans la poêle, des chausses intactes pendaient à un clou. Et voilà, telle que ma nourrice me l'a apprise, l'histoire du petit fifre rouge qui, par amitié pour sa grand'mère, pêchait les grenouilles à Noël.

LES

CLOUS D'OR

A H! mon pauvre homme, mon pauvre homme, si tu fusses né sans bras ni jambes, notre porte aurait des clous d'or! »

Ainsi disait Tardive à Jean Bénistan, un soir d'hiver au coin de l'âtre, pendant que les enfants dormaient ; et Jean Bénistan ne trouvait rien à répondre, car, depuis longtemps, par sa faute, les affaires du ménage ne florissaient guère.

Non pas que Bénistan fût paresseux ou mauvais homme, au contraire, seulement rien ne lui réussissait.

Sobre, actif, debout avant l'aube, on ne rencontrait que lui par les chemins et par les rues, préoccupé, flairant le vent, et cherchant, là-haut, dans les nuages, un moyen de faire fortune. Généralement, il trouvait une idée chaque matin, — car l'esprit ne lui manquait pas, — des idées superbes. Tout, d'abord, allait à merveille. Mais au dernier moment, les dépenses faites, les choses bien en train, quand il n'y avait plus qu'à recueillir les bénéfices, crac! une catastrophe survenait, et adieu nos projets, adieu nos espérances... Jean Bénistan avait beau se lever de bonne heure, je ne sais quel mauvais génie se levait toujours avant lui.

Par exemple, Bénistan avait remarqué que les gens de son endroit, pour aller aux foires et marchés, faisaient un grand détour à cause de la rivière. Il imagina en conséquence de vendre une de ses terres et de construire, avec l'argent, un bac dont il serait le passeur. Le bac fut vite achalandé, les doubles deniers semblaient pleuvoir du ciel, et Bénistan se croyait déjà riche, quand les moines du couvent voisin, ayant reconnu que la spéculation était bonne, établirent, à un quart de lieue au-dessus, un pont de pierre assez large et assez solide pour porter chevaux et charrettes, de sorte que, abandonné de tous, le bac du pauvre Bénistan finit pas pourrir dans les saules.

Une autre fois, Bénistan qui, après un certain nombre d'entreprises pareilles, toujours commençant bien et toujours tournant mal, ne possédait plus, pour toute ressource, qu'un rocher pelé dont les huissiers n'avaient pas voulu, Bénistan essaya d'y cultiver des ruches.

— « Les abeilles se réveilleront là comme chez elles, et leur miel sera bon à cause des lavandes. »

Tout l'hiver, Bénistan travailla à installer dans les abris de son rocher des troncs d'arbres creux coiffés en guise de toit de grosses pierres plates qu'il lui fallait aller chercher très loin, derrière les collines ; et, quand approcha le printemps, il se mit à courir la campagne, dépensant ses derniers sous à acheter tous les essaims qui pendaient aux branches.

— « Décidément, dirent les voisins, Bénistan a trouvé la veine. »

Sa femme elle-même y croyait. Personne n'avait les yeux assez grands au village pour admirer ces cent ruches bien alignées d'où coulaient déjà des fils de miel roux, et autour desquelles les abeilles dansaient dans le soleil, comme des étincelles d'or.

La récolte fut bonne la première année : elle paya presque les frais. Mais la seconde, les lavandes ayant subitement défleuri à cause de la grande sécheresse, presque toutes les abeilles moururent ; et de nouveau, par malechance, Bénistan se trouva ruiné.

Bénistan avait voulu élever des poules. Le renard, en une seule nuit, égorgea poulets et poussins, le coq, les pondeuses et les couveuses.

Bénistan avait voulu planter des vignes. Un fléau précurseur du phylloxera, et qui sait? peut-être le phylloxera lui-même, — car notre siècle n'a pas tout inventé, — changea ses souches en bois mort.

Si bien que, travaillant, épargnant comme une fourmi, la bonne Tardive, sur qui toutes les charges retombaient, se trouvait encore heureuse d'avoir à peu près chaque soir du pain bis dans la pannetière, et sur le feu une bonne soupe fumante, qu'elle servait debout, suivant la respectueuse coutume d'autrefois, car, autrefois, jamais femme n'aurait osé s'asseoir à la table de son seigneur et maître.

Mais tout a une fin! Depuis longtemps, la jolie pannetière en noyer ciré avait été vendue. Les enfants ce soir-là, — ils commençaient d'ailleurs à s'y faire, — étaient allés au lit, sans souper, après avoir entendu pour la vingtième fois, en manière de dédommagement, l'histoire de Jean-de-l'Ours et de ses grands combats avec l'Archi-Diable, la seule que Bénistan connût. Pour comble de malheur, Ganagobi, le chat de la maison, Ganagobi pourtant si fidèle, avait disparu. De temps en temps, Tardive se levait et appelait: « Ganagobi, Ganagobi!... » dans la direction du village; mais Ganagobi ne revenait pas, chassé par l'odeur de misère.

C'est là le grand chagrin qui tranchait l'âme de Tardive; et c'est le grand chagrin qui lui avait arraché ce mot de reproche, le seul en sept ans sorti de sa bouche :

— « Ah, mon pauvre homme! mon pauvre homme! si tu fusses né sans bras ni jambes, notre porte aurait des clous d'or. »

Elle oubliait, la brave femme, qu'un coup de mistral avait, quinze jours auparavant, démoli la vieille porte vermoulue dont elle aimait à faire reluire les ferrures; elle oubliait que, faute de pouvoir la remplacer, ils en étaient réduits, pécaïre! à fermer leur cabane avec un buisson.

Cependant, Jean Bénistan avait sur le cœur, comme un gros poids, les paroles de Tardive :

— « La femme a raison, songeait-il, tout ce qui arrive, n'arrive qu'à cause de moi. Si je l'avais laissée mener la barque tranquillement, sans me mêler de rien, nous serions riches; la maison aurait une porte, et les petits ne crieraient pas la faim... Maudites jambes, maudits bras! Que ne me les coupa-t-on en nourrice?... Mais je sais maintenant ce qu'il me reste à faire, mes jambes et mes bras n'étant bons qu'à être cassés. »

Alors, profitant de ce que Tardive s'était endormie, il l'embrassa, bien doucement, afin de ne pas la réveiller. Il embrassa de même les enfants. Puis, ayant déplacé et replacé le buisson, il s'en alla dans la nuit noire.

Huit jours après, Tardive recevait une bourse contenant quelques écus. Elle devina, — le pays se trouvait en guerre, — que Bénistan avait dû se faire soldat.

Bénistan eut des aventures, car il était fort brave et ne s'épargnait point.

Un jour, se battant avec des Sarrasins qui venaient de débarquer et pillaient le long de la mer, Bénistan fut laissé pour mort par ses compagnons dans la mêlée. Mort? non pas : mais évanoui. Il revint à lui entre le ciel et l'eau, au milieu de gens coiffés de turbans. Il comprit qu'on l'emmenait prisonnier sur une tartane; et, s'étonnant de ne pas être chargé de chaînes selon l'usage, il s'aperçut qu'il avait les deux bras cassés chacun d'un coup de feu et les deux jambes tailladées d'une infinité de coups de sabre, ce qui rendait toute espèce de liens parfaitement inutiles.

Alors, pensant aux dernières paroles de Tardive :

— « Maintenant que me voilà sans bras ni jambes, espérons que notre porte aura bientôt des clous d'or. »

Et les bons Sarrasins n'en revenaient pas, massacré comme il était, de le voir sourire.

La tartane accosta sous les remparts d'une ville blanche, autour de laquelle il y avait une plaine de sable, un cimetière sans murs et un petit bois de palmiers.

Jean Bénistan, prenant son parti des lois de la guerre, croyait qu'on allait le mettre à mort ou tout au moins le faire esclave. Mais le roi de ces Barbaresques, superbe vieillard à longue barbe, voulut d'abord qu'on le guérît; après quoi, plein d'admiration pour son courage, il lui proposa d'être pacha, ce qui, là-bas, signifie général.

Bénistan répondit qu'un chrétien ne se bat pas contre des chrétiens. Mais le roi lui ayant affirmé par serment qu'il s'agissait surtout d'aller guerroyer contre les nègres idolâtres, le bon Bénistan accepta.

Pendant des années et des années, Bénistan se couvrit de gloire dans des pays lointains et brûlés, sans avoir jamais aucune nouvelle de France.

A la fin, pourtant, il obtint son congé et la permission de repartir accompagné d'un serviteur maure qui l'aidait à monter sur son cheval et à en descendre, car ses anciennes blessures, et d'autres encore reçues depuis, lui rendaient le corps un peu raide.

Après des jours, après des nuits, voyageant par terre et par mer, Jean Bénistan, toujours avec son serviteur, arriva en vue de Marseille. Mais il n'y entra point, non plus que dans aucune autre ville, tant il était pressé de retrouver les siens.

Et pourtant, lorsque, du haut de la dernière colline, il découvrit sa maisonnette, le cœur lui manqua et il n'osa pas aller plus avant, car il eut peur soudain que quelqu'un n'y fût mort.

— « Remarque, dit-il au moricaud, cette cabane couverte en joncs d'étang, avec une porte qui a l'air neuve ? Tu vas te cacher tout près, dans la haie, et tu reviendras me dire ce qui se passera. »

Au bout d'une heure le moricaud revint :

— « J'ai vu sortir de la cabane une femme en deuil et six enfants qui s'en sont allés vers l'église.

— « Et qu'as-tu vu encore?

— « J'ai encore vu un vieux chat roulé au soleil sur le seuil. »

Alors Jean Bénistan pleura, de la joie qu'il éprouvait en apprenant que sa femme et ses enfants vivaient et que le chat était revenu.

Jean Bénistan sortit quatre clous d'or de sa saquette.

— « Prends une pierre pour marteau, et, pendant que les habitants n'y sont pas, va planter ces clous d'or dans la porte de la cabane. »

Quand Tardive revint de l'église, où elle s'était rendue, comme elle faisait toutes les années, au jour anniversaire de la disparition de Jean Bénistan, quand elle aperçut le chat qui, hérissé, soufflait de colère sur le toit, et les quatre clous d'or aux quatre coins de la porte, se souvenant des paroles de jadis, elle s'écria :

— « Courez, mes enfants, courez vite au-devant de mon pauvre homme qui s'en revient de la guerre, sans doute, hélas ! bien maltraité. »

Mais, comme à ce moment, au détour du sentier, Jean Bénistan, aussi fier qu'un roi, apparaissait sur son cheval que le moricaud tenait en bride, elle ajouta, presque évanouie :

— « Dieu soit loué ! il a ses bras, il a ses jambes... Ces clous d'or m'avaient fait grand peur. »

Et Bénistan disait en l'embrassant :

— « Oui j'ai mes jambes, oui j'ai mes bras, mais tellement meurtris et blessés qu'ils ne veulent plus que le repos... Désormais, Tardive, tu peux être tranquille... Sors pour moi le fauteuil, là, devant la porte, sous la vigne... Mets le vieux chat sur mes genoux, et si, par hasard, il n'y avait pas ce soir de soupe à manger, je rapporte des pays d'Afrique, pour les petits devenus grands, toutes sortes d'histoires plus belles que celle de l'Archi-Diable et de Jean-de-l'Ours ! »

Mais c'étaient là discours pour rire, comme une joie trop vive en inspire, car à force de peine et de travail, pendant l'absence de Bénistan, Tardive était redevenue presque riche, et lui possédait des trésors.

Maintenant, si vous passiez par mon village, je pourrais vous montrer intacte, — le brave homme s'y trouvant bien, ne voulut jamais en habiter d'autre, — la cabane de Jean Bénistan. La porte existe toujours. A vrai dire, les clous d'or manquent. Mais on voit la place des trous.

LES MOCASSINS

Q UAND il vit que, décembre tirant à sa fin, le ciel restait bleu comme un satin bleu; que les feuilles ne jaunissaient pas et que les mêmes énormes fleurs, couleur de feu, brillaient dans les arbres; quand il vit que les oiseaux-mouches, des diamants sur la queue et de l'or aux ailes, continuaient à bourdonner autour des fleurs, et que les grands aras, s'épluchant avec d'aigres cris et semant les gazons brûlés d'une pluie de plumes jaunes et roses, ne songeaient pas à émigrer; quand il comprit enfin qu'en dépit du calendrier, la grande chaleur persisterait et que l'hiver ne viendrait pas, alors le petit Friquet fut pris d'ennui, et, s'étant assis au pied d'un bananier d'où tombaient des bananes mûres, sans prêter attention, quoique gourmand, aux larmes de miel roux et parfumé, qui roulaient et se cristallisaient en route le long des hautes cannes à sucre cassées la veille par des singes, il s'écria :

— « Quel vilain endroit! Encore une année sans Noël! »

Petit Friquet, s'il faut tout dire, était fils d'un pauvre exilé; il avait suivi son père en exil, et bien qu'un heureux hasard les eût jetés dans le pays le plus beau du monde, ils regrettaient pourtant la France, qui est toujours plus belle que tout. Aux approches de Noël particulièrement, le brave petit Friquet sentait redoubler sa tristesse :

— « Un Noël qui ne souffle pas le froid; un Noël qui n'amène pas de neige; un Noël, arrivant en plein été, puisqu'ici l'été dure douze mois, ne saurait s'appeler un Noël! »

Deux choses d'ailleurs manquaient au Noël de petit Friquet, deux choses rares dans ces climats, où les gens vont pieds nus et ne se chauffent point : une cheminée et des sabots! Heureusement, il se souvint que son père possédait une paire de mocassins en peau souple, brodés de perles, objet curieux abandonné par un chef sauvage en échange d'une bouteille d'eau-de-vie. Les mocassins serviraient de sabots, le trou pratiqué au faîte de la cabane pour laisser passer la fumée des repas jouerait le rôle de cheminée.

Le soir venu, petit Friquet plaça donc un des mocassins brodés sous ce trou bleu piqué d'étoiles; puis, ayant embrassé son père qui, triste aussi, pleurait un peu, il alla se coucher, presque consolé, et le cœur rempli d'espérance.

Oh! le bon sommeil et le beau rêve! Si loin, si loin de la patrie, petit Friquet se retrouva, sans savoir comment, dans son village, tel qu'il est la nuit du réveillon.

L'étroite rue blanche et solitaire, entre deux rangs de pignons frangés de glace, s'éclairait au reflet joyeux des fenêtres intérieurement illuminées. Il y avait des chansons dans l'air, une agréable odeur de cuisine et de vin muscat; et, sur les toits, avec ses bottes qui ne faisaient pas de bruit à cause de la neige épaisse, le bonhomme Noël, du givre à la barbe, passait, regardant par l'ouverture de chaque cheminée, et jetant dedans des joujoux qu'il tirait d'une grande boîte.

Puis le bonhomme Noël s'arrêta, et s'accotant à un tuyau :

— « Allons, voilà ma tournée finie! il s'agit maintenant de souffler un peu et de fumer une bonne pipe. »

Mais tout à coup, grattant le bout de son nez que la bise avait rendu rouge :

— « Ah! sapristi! Et petit Friquet que j'oubliais?... J'ai malheureusement tout distribué; que diable vais-je fourrer dans les mocassins brodés de perles? »

Friquet, de son lit, se disait :

— « Si Noël, puisqu'il n'a plus rien, pouvait seulement m'apporter une belle poignée de neige, de cette neige blanche et froide qui me fait regret tous les ans, volontiers je m'en contenterais : elle me rappellerait la France! »

Alors, comme s'il eût entendu, le bonhomme ramassa sur la pente du toit une belle poignée de neige, la mit dans sa hotte, alluma sa pipe et partit. La pipe brillait dans la nuit; des bergers la prirent pour une étoile.

— « Hélas ! pensait petit Friquet, le voyage est long, le bonhomme est vieux ; si fort qu'il marche et qu'il se presse, sous le soleil brûlant, à travers déserts, avant qu'il soit arrivé ici, la neige sera fondue. »

Et quand le bonhomme Noël arriva, tout essoufflé, avec sa hotte, un peu de neige restait au fond, mais si peu, à peine gros comme une noisette !

Derrière le trou, sur le toit qu'éclairait un rayon de lune, petit Friquet distinctement aperçut le bonhomme Noël en train de secouer sa hotte. Un flocon tomba ; puis un second, puis un troisième, puis cent, puis mille : la hotte semblait inépuisable et tous ces flocons descendaient dans le mocassin. Bientôt le mocassin déborda : la neige envahit la cabane ; alors un coup de vent balaya la neige qui, s'en allant par la porte, et voltigeant sur tout le pays, comme un essaim de mouches blanches, couvrait la montagne et les plaines et suspendait aux épines des cactus, aux guirlandes des lianes, aux palmes découpées des cocotiers, d'immenses draperies d'argent au milieu desquelles éclataient les calices des fleurs tropicales et le plumage multicolore des infortunés aras ébouriffés en boule, silencieux, la queue pendante et le bec sous l'aile.

La cabane, à présent, avait des vitres, et ces vitres s'étaient couvertes des beaux dessins que fait le givre. Elle avait une cheminée. Sur les landiers de fer, une énorme bûche s'écroulait en braise. Ruisselant de jus, la peau dorée, un dinde rôtissait devant.

Encapuchonnés, de la neige aux pieds et grelottant avec délices, des voisins, des amis, arrivèrent. On eut très chaud, on se serra. On entendait, bien à l'abri, souffler la bise. Ce fut un joyeux réveillon, un vrai réveillon de Noël!

Et même au dessert, petit Friquet, que le bien-être ne rendait pas égoïste, voulut ouvrir la fenêtre à un oiseau-mouche transi qui cognait du bec sur les vitres.

Par exemple, quand arriva le matin, la cabane était redevenue cabane. Au dehors, plus trace de neige : un ciel bleu, un soleil brûlant; les oiseaux-mouches bourdonnaient toujours, les grands aras criaient toujours dans les arbres. Seulement, petit Friquet retrouva tout humides ses mocassins brodés de perles... mais ce pouvait être la rosée de la nuit.

— « Et cela est vrai?

— « Pourquoi pas? Surtout quand il s'agit du bonhomme Noël, j'avoue avoir foi aux miracles. Petit Friquet, lui aussi, croit à la réalité de son aventure. Il me l'a sérieusement et fort gravement racontée. Petit Friquet est ici avec son père revenu d'exil et c'est chez eux que, cette année, j'ai promis de faire réveillon. »

LE GÉANT

IL est des gens, dit Marius — lequel ne ment point et n'eut jamais peur — il est des gens à qui rien n'arrive, des gens dont l'existence se déroule, uniforme et plate, sans plus d'accidents de terrain que n'en a la plaine Saint-Denis; il en est d'autres, au contraire, que les aventures semblent chercher... Et tenez, pas plus tard qu'hier, j'ai fait, entre Clamart et Meudon, la rencontre d'un géant, le soir, en plein bois... Mais il est nécessaire, pour l'intérêt de mon récit, que je reprenne la chose d'un peu plus haut.

Donc, hier, chassé du boulevard par l'insupportable cohue des après-midi de jour gras, l'idée me vint, au lieu d'attendre, le long d'un trottoir, des masques qui ne passeront pas, d'aller voir, hors Paris, une plus gracieuse mascarade : celle de l'hiver qui essaye de se déguiser en printemps.

Trois heures ! c'est un peu tard. Mais, baste ! Les jours allongent ; en prenant le tramway de Saint-Germain-des-Prés, on pourra toujours se trouver à Clamart sur les quatre heures, et de là gagner à travers bois, par le plateau et les étangs, le train qui, de Meudon, me ramènera chez moi pour dîner.

Le temps et la distance se trouvaient fort exactement calculés. Par malheur, à Saint-Germain-des-Prés le tramway de Clamart ne devait partir que dans un quart d'heure. Je ne résistai pas au désir de vérifier en passant si les arbres plantés autour de la vieille église abbatiale poussaient bien.

Quand je revins, mon tramway était loin. De sorte que, ne voulant pas attendre un second quart d'heure, je me décidai à grimper sur le tramway de Vanves, dont le conducteur : *Ding, ding, ding !... dong, dong, dong !...* était précisément en train de faire sonner son compteur. La direction étant la même, je n'aurais, une fois à Vanves, qu'à continuer à pied un bout de chemin.

Ce retard et d'autres encore firent que je n'arrivai pas à l'entrée du bois avant cinq heures et demie.

Il est toujours ennuyeux de renoncer à un plaisir qu'on s'est promis ; et, bien que le crépuscule tombât, je résolus, connaissant d'ailleurs le pays, de faire malgré tout ma promenade.

Rien n'est grand comme la paix des bois en cette saison. Plus un cri d'oiseau, plus un frisson d'ailes. Le bruit des pas s'éteint dans la mousse et les feuilles. Humides, amollies par la gelée, les brindilles mortes elles-mêmes ne craquent pas. J'avais pris l'avenue en montée que bordent des chênes et des ormes. Tandis que, derrière moi, s'éloignaient peu à peu les voix du village, j'apercevais à travers les arbres des brasiers rouges avec des fumées, et, circulant autour, des ombres silencieuses ; c'étaient des fourneaux de charbonniers.

Sur le plateau, à la hauteur de l'anémomètre dont la maigre silhouette — un long poteau de fer surmonté d'un petit moulin qui va toujours et mesure le vent — prenait des aspects fantastiques, j'essayai de m'orienter. Un vol de corbeaux m'y aida : j'avais appris qu'à leur rentrée du soir, ces oiseaux réfléchis, aux habitudes régulières, s'en vont toujours du côté du soleil couchant.

Il faisait assez clair jusque-là.

Mais quand, pour descendre vers les étangs, je me fus engagé dans le petit chemin creux, au sable sillonné de rigoles, que surplombe à droite et à gauche un taillis de châtaigniers bas, je cessai tout à fait d'y voir. Le ciel, à vrai dire, restait lumineux : un ciel de demi-jour, gris perle et pâle, sur lequel se dessinaient nettement les branches dépouillées. Mais en bas, la nuit était complète. Je perdis le sentier, je le retrouvai. Sans être inquiet précisément, je songeais à la possibilité de m'égarer ainsi, pour jusqu'au matin, dans ces bois.

Aussi est-ce avec une impression agréable en somme, qu'à un tournant je reconnus le vieux mur de la capsulerie, voisine de l'étang de Trivaux, où, vers 1869, Napoléon III, mystérieusement, fabriquait ses mitrailleuses. Ma route était maintenant toute tracée.

Enhardi et ragaillardi, je m'assis un instant au bas du talus sablonneux, entre les racines saillantes d'un gros chêne. Chut! un bruit d'eau qui coule... Mais c'est la fontaine Sainte-Marie! Et me voilà cherchant la fontaine à tâtons, descendant le perron de trois marches, car la source est au fond d'un trou, et puisant l'eau de mes mains jointes dans le bassin à demi comblé de feuilles mortes. C'est là qu'il y a quelques années, pendant le rude hiver, on trouva le cadavre d'un pauvre homme tué par le froid.

Quand je me relevai, après avoir bu, secouant ma barbe, je crus entendre un cri, des pas, et vis fuir devant moi — oui! je le vis distinctement dans la nuit et l'ombre — le géant en question, un géant d'au moins sept pieds. Sur le coup, sans être peureux, j'eus comme une envie de retourner. Mais le géant paraissait de mœurs débonnaires. Il se dirigeait du côté de Meudon; je le suivis de loin, en gardant mes distances.

A l'angle de la capsulerie, le chemin est double; on peut choisir entre un raccourci et la grand'route qui longe l'étang, sur une chaussée.

Le géant avait pris le raccourci, je pris la grand'route. D'abord, l'étang, vu de nuit avec ses roseaux secs embrouillés par l'hiver et le reflet des arbres et des étoiles dans l'eau, faisait partie de mon programme; et puis je ne voulais pas me donner l'air d'importuner le géant.

Quand je fus au bord de l'étang, le géant s'arrêta comme pour m'observer. Mon immobilité le rassura sans doute. Alors il se remit en marche, tranquillement, sans se hâter. C'était bien un géant! je le voyais qui filait tout noir sur le mur blanc éclairé d'une lueur vague. Dans l'air silencieux, malgré la distance, j'entendais le géant se parler à lui-même. De temps en temps, avec une bouffée de brise, un bruit de grelot m'arrivait.

Un géant qui parle tout seul, un géant qui secoue des grelots!

J'eus une inspiration héroïque: le géant marche doucement, si je pouvais, en pressant le pas, arriver avant lui au carrefour où le raccourci rejoint la grand'route? Je ne le crains pas, puisqu'il a peur!

Aussitôt fait que dit: je presse le pas; mais le géant presse le pas. Je trotte; le géant trotte. Je cours; le géant court!... Le géant va d'un train d'enfer, de plus en plus vite; et ma curiosité redouble avec mon courage à mesure que nous approchons d'endroits habités.

A l'angle de la rue des Vertugadins, où sont les premières maisons du village, l'allumeur allumait le premier bec de gaz.

Le géant s'arrête; je me rapproche. Le géant se baisse... et, phénomène étrange, se subdivise en deux portions d'inégale grandeur.

— « Ah! Monsieur, quelle frayeur vous nous avez faite, » dit une voix grave.

— « Nous vous avions pris pour un voleur en vous voyant sortir de dessous terre, » reprend aussitôt une voix d'enfant.

Mon géant était simplement un bon vieux grand-père à barbe blanche, qui traversait le bois en compagnie de son petit-fils, pour aller à Meudon, chez des amis, fêter le carnaval et manger des crêpes. Le petit, en costume de galant postillon, avait des grelots sur toutes les coutures, et, ne voulant pas salir ses belles bottes à revers rouges dans les flaques et les ornières, il se faisait porter à califourchon par grand-père.

— « C'est comme ça, conclut Marius, qu'avec un peu de chance et d'imagination les aventures vous arrivent; c'est comme ça qu'on rencontre des géants, la nuit, sous les futaies sombres, même aux environs de Paris! »

ON FERME!

P LUS vite, la petite mère, pressons-nous! »

Et doucement, débonnaire au fond malgré ses formidables moustaches et sa tunique à larges boutons qui lui donnait l'air rébarbatif d'un grenadier russe, le gardien du jardin poussait vers la grille dont les lances d'or s'éclairèrent soudain, dans le crépuscule, du reflet des gaz allumés, une trottinante petite vieille.

— « Pressons-nous, vous voyez qu'on ferme... »

La vieille partit; mais quel regret, quelle protestation douloureusement enfantine dans ses yeux restés ingénus, malgré l'âge et les cheveux blancs, au milieu d'une figure, grosse comme le poing et ronde et rose, de fée falote.

Le gardien, brave homme désireux sans doute d'effacer l'impression pénible qu'aurait pu provoquer en moi son apparente brutalité, le gardien, pendant quelques secondes, suivit la vieille du regard, et, sans se presser de fermer sa porte, feignant de faire jouer le pêne de la serrure, qui d'ailleurs fonctionnait on ne peut mieux, il prononça ce mot, *maboul*, cher aux guerriers retour d'Afrique.

Puis il ajouta à mon usage, en manière de traduction :

— « Figurez-vous que si on n'avait pas l'œil, elle se laisserait enfermer tous les soirs. Je l'ai trouvée ainsi plus de vingt fois, assise sur un banc, passé minuit, en faisant ma ronde... C'est-il entêté les vieilles gens, tout de même !... Elle venait dans le temps, à ce qu'il paraît, avec une fillette... Faut croire que la petite est morte et que ça lui aura tourné la cervelle. »

Là-dessus, le bon gardien me salua à travers les barreaux et s'enfonça dans les lointains bleus du Luxembourg déjà envahi par la lune.

J'avais oublié cette rencontre qui date de l'année passée, quand l'autre jour, me promenant par là pour voir si les lilas poussaient, toute seule sur une terrasse, près de la baraque à Polichinelle, je crus reconnaître ma vieille.

C'était bien elle, en effet, la même ! Seulement un peu plus blanche, un peu plus petite, et comme recroquevillée.

Nous nous trouvions côte à côte, en dehors de la corde

tendue qui sert de barrière, et tous les deux nous regardions moins le spectacle que les spectateurs.

Car si le drame, au courant duquel le descendant doublement bossu du Maccus étrusque perpètre ses joyeux forfaits, garde, pour les esprits simples et initiés, une beauté toujours nouvelle, rien n'est curieux et réconfortant comme d'en suivre le reflet sur les physionomies — limpides à l'égal d'une eau limpide, — de ces bambins libres encore de la vie et qui, révoltés inconscients, protestent par avance contre les hypocrisies qu'elle leur réserve, en applaudissant Polichinelle, contempteur bruyant et bariolé de toutes les conventions sociales.

En place!

D'abord un harpiste de quatorze ans — minuscule Wagner ramassé le long du trottoir — amuse de ses pizzicati paresseux, si lents et si légers qu'ils n'empêchent pas d'entendre les oiseaux chanter, la monotonie des entr'actes. Et c'est une impatience, des yeux agrandis, des rangées de tout petits pieds qui, gauchement, battent la mesure.

Puis la toile se lève sur le décor vide encore.

L'impatience augmente : quand Se montrera-t-il?

Mais, chut! Un frisson de voluptueuse terreur a parcouru tout l'auditoire. C'est Lui, le vaillant, l'indomptable, le héros non pareil, armé de la trique et du rire, plus fort qu'Hercule, plus fort que Thésée, puisque, dans la personne du Diable et du Commissaire, il abat des monstres évidemment supérieurs aux hydres et aux minotaures de l'antique mythologie, Polichinelle enfin qui, avant d'apparaître éblouissant d'or, avant d'exécuter la danse guerrière, prélude obligé de ses travaux, s'annonce de loin, non comme Jehovah sur le Sinaï, par des éclairs et des tonnerres, mais par une tempête de cris stridents et éperdus.

La représentation finissait. Ma voisine que je n'eusse pas osé interroger, m'adressa d'elle-même la parole.

— « Décors fraîchement peints, galons neufs, broderies neuves aux costumes! Dame, ça se comprend pour une réouverture. C'est la première fois qu'on joue depuis le retour du printemps. Mais les choses paraissaient plus belles encore la nuit dernière au clair de lune, et ma Jacqueline a bien ri.

— « La nuit dernière? Au clair de lune!

— « Eh oui! la nuit dernière, à la répétition générale qu'on a faite pour les petits morts. »

Je la regardais stupéfait. Elle continua tranquillement sans prendre garde à la curiosité, mêlée de pitié, qui pouvait se lire dans mes yeux.

— « Il y a longtemps, presque six mois, que Polichinelle leur manquait. Cet hiver il faisait si froid, avec la neige, dans les cimetières... Et vous comprenez, la nuit venue, les mignons n'osaient pas sortir, blottis comme des moineaux frileux. D'ailleurs que seraient-ils venus faire ici? Tout également y était triste. Pas de feuilles aux arbres, pas de fleurs dans les parterres, pas de papillons, pas d'abeilles, et Polichinelle qui ne jouait pas!

Mais cette nuit, comme je me doutais de quelque chose, je suis restée seule dans le jardin.

On croit que, le soir venu, les marionnettes se reposent ? Oh, que non pas ! Qui donc amuserait les autres, les petits enfants couchés là-bas ? Qui ferait rire ma Jacqueline ?

Et j'ai tout vu, tout entendu.

L'herbe sentait bon, un rossignol chantait, les branches craquaient et fleurissaient... Puis tout à coup, distinctement, derrière les planches de la baraque, j'ai surpris comme un bruit de petites voix qui parlaient, de petits membres qui s'étiraient. Bon ! le printemps est de retour, les marionnettes se réveillent.

Alors la harpe s'est mise à jouer toute seule, si doucement : le vent sans doute frôlait ses cordes. Puis des quatre coins de l'horizon arrivèrent des vols d'âmes blanches, avec des yeux bleus, des cheveux d'or, toutes portant une mignonne étoile pour lanterne ; et quand tout le monde fut assis, la représentation commença. Il y avait Jacqueline, Monsieur, toujours à sa place, au premier rang, ma pauvre petite Jacqueline ! »

La vieille maintenant murmurait des paroles vagues :

— « Il faut que les enfants s'amusent quand même... Est-ce qu'on saurait les amuser dans le paradis ?... »

Puis elle resta immobile, souriant d'un sourire douloureux à la vision qui lui montrait sur l'étroit amphithéâtre en planches démesurément agrandi, l'assemblée de tous les petits êtres partis avant l'heure, innocents prédestinés qui quittèrent la vie n'en ayant connu que la douceur.

— « Ils vont venir, ils viennent... Les entendez-vous voltiger là-haut, autour des branches ? »

Cependant l'ombre tombait. Dans le ciel, encore éclairé quoique le jardin fût déjà sombre, se dressait, à la cime de sa colonnette, la statue du petit David appuyé sur sa grande épée; et le long des talus gazonnés, derrière les balustres de marbre, brillaient vaguement sous le crépuscule les blancs fantômes des reines de France.

— « Ils vont venir... » répétait la vieille.

Tout à coup le silence se fit. Tari par une invisible main, le jet d'eau cessa d'éparpiller sur la surface claire du bassin sa pluie de perles pressées et sonores. Des corbeaux attardés passèrent. Pour la dernière fois, avant de plier l'aile, un ramier, qui allait dormir, roucoula.

On ferme! cria du côté de la rue de Fleurus une voix lointaine.

On ferme! répéta du côté de Saint-Sulpice une voix qui semblait un écho.

Un troisième *On ferme!* militairement poussé celui-là, tout près de moi, à mes oreilles, fit soudain s'envoler mon rêve.

Je cherchai la vieille; effrayée sans doute, elle avait déjà disparu.

— « Satanés pékins, grommelait le gardien tandis que je me hâtais vers la grille. Je ne sais pas comment ils s'arrangent: mais il faut tous les soirs qu'il y en ait un qui soit le dernier! »

PROPOS DE CHASSE

Cependant la pluie tombait toujours.
Par la petite fenêtre du pavillon de chasse on apercevait à peine, comme au travers d'un fin treillis, la ligne indécise des futaies. Plus près, c'étaient des labours noyés,

des fossés remplis de boue jaune. Au revers d'un talus, les mousses gorgées rendaient l'eau.

Il y eut un moment de silence pendant lequel s'entendit plus distinctement le bruit des gouttes tambourinant sur la toiture et sur les vitres. Mais un fagot jeté en travers de la cheminée éclaira soudain l'étroit réduit. La gaieté revint; des pipes furent bourrées; et, tandis que trois chiens balayaient à grands coups de queue, sur le sol en plâtre battu, les feuilles sèches et les brindilles, trois chasseurs, tout en regardant, les pieds au feu, le brouillard qui montait de leurs semelles mouillées, trois chasseurs parisiens recommencèrent à improviser des histoires de chasseurs.

— « ... Il m'est arrivé presque aussi fort, affirma le garde lorsque tout le monde eut parlé, oui, presque aussi fort, avec un lièvre. Quel lièvre! Je le vois encore. En le posant tout fumant sur la grande table, Madeline s'était écriée : « Mon Dieu, qu'il est lourd! » Et quand mon oncle, le ciel ait son âme, essaya de le découper, il sentit une résistance sous le couteau... Mais non, mieux vaut m'arrêter là; si je disais la suite vous me prendriez pour un Marseillais. »

Des gestes expressifs témoignèrent combien un tel soupçon était loin de la pensée de tous et le brave Gogu, qui n'est pas Marseillais, le sort l'ayant fait naître à Soisy-sur-Yvette, cala sa chaise, sourit dans sa moustache, et continua :

— « Donc, ainsi que j'avais l'honneur de vous en faire le rapport, mon oncle sentit sous le couteau quelque chose

qui résistait. Qu'a-t-il donc dans le ventre, cet animal?...
Il force, le couteau pénètre; et mon lièvre, s'ouvrant, les
reins cassés, laisse échapper, au milieu de la bonne odeur,
une, dix, vingt pièces d'or qui couraient, roulaient, se
poursuivaient et se cognaient sur la faïence.

— « Étonnant, Gogu, ce que vous nous racontez-là !
— « Au contraire, rien de plus simple ! .

J'avais alors douze ans, et ce jour-là j'accompagnais
M. le marquis. Brave homme, ce marquis : un peu
maniaque, pas mal avare, bref! tout à fait d'ancien
régime. Mes parents étaient ses fermiers. Quand j'eus
quitté l'école, il m'éleva aux fonctions de page, me faisant
porter son carnier, graisser ses bottes, et me payant en
vieux habits.

On le disait très riche quoiqu'il habitât seul une espèce
de tour restée debout par miracle au milieu des plâtras du
vieux château. Tous les mois, régulièrement, il allait à la
ville pour voir son homme d'affaires et toucher ses fonds. Par
exemple personne n'avait jamais vu le marquis rapporter de
là ni sac ni bourse. Où diable le marquis fourrait-il son
argent?

Un soir, les fonds touchés, nous nous en revenions
à travers bois, par le pavé, le marquis devant, moi derrière, lui sur son cheval, moi dans mes sabots admi-
rant un superbe fusil qu'il gardait constamment en ban-
doulière.

Déjà vicieux au point de vue des armes et de la
chasse, j'aurais donné je ne sais quoi pour manier un
peu ce fusil qui avait des dessins en argent sur le canon

et une tête de sanglier sculptée sur la crosse. Mais le marquis ne le quittait jamais : « Il dort avec ! » disaient les paysans.

Si seulement j'avais pu entendre le bruit que ce beau fusil faisait en partant ? Mais le marquis semblait avoir peur de s'en servir.

Souvent, très souvent même — le pays était alors extraordinairement giboyeux — nous rencontrions un lapin, des perdrix, des cailles. Alors, le marquis épaulait, ajustait... et ne tirait pas. J'avais beau me creuser la cervelle, je ne comprenais rien du tout à la conduite du marquis.

D'ordinaire on faisait le voyage, aller et retour, entre le lever et le coucher du soleil. La fois dont il s'agit, le cheval s'étant déferré, nous nous trouvâmes, à la nuit close, juste à moitié chemin de la ville et du château. Les chouettes poussaient leurs cris dans le noir, le vent faisait gesticuler les branches, et le marquis déclara la route peu sûre.

— « Pourtant avec votre fusil ?...

— « Tais-toi, gamin, on a vu des voleurs qui volent les fusils !

Il fut décidé que nous nous arrêterions au *Logis du Vieil Ane Rouge*, chez le frère de ma mère, braconnier de son état, et qui, à ses moments perdus, tenait auberge pour les rouliers égarés.

Vu le délabrement des chambres, il fallut dormir à la cuisine, sous la cheminée, le marquis dans un fauteuil, moi sur un escabeau.

Un peu passé minuit, mon oncle entra avec sa canardière et, me voyant les yeux ouverts :

— « Petit, veux-tu que je t'apprenne comment on tue un lièvre au gite ? »

Si je voulais ! Seulement je n'avais pas de fusil et mon oncle n'en possédait pas de rechange.

— « Prends celui du marquis, ça le dérouillera. Après, nous le rechargerons, et ni vu ni connu, personne ne s'apercevra de rien ! »

La tentatation était trop forte : le marquis ronflait, le fusil brillait, je pris le fusil.

Nous voilà sur la route, au clair de lune; puis dans un taillis, puis sur un plateau garni d'un gazon ras, où se dressaient des pieds de fougères.

— « Attention, la bête est là. »

La bête veillait apparemment; j'entendis des herbes s'agiter, je vis passer l'ombre de deux oreilles, nos coups de fusil partirent à la fois.

— « Maladroit ! dit mon oncle en ramassant le lièvre, tu seras cause de la mort d'un chêne : ta charge vient d'atteindre en plein ce baliveau. »

Humilié, je n'osai rien dire; il me semblait bien pourtant avoir visé droit.

Le fusil rechargé avait repris sa place, et le lièvre tournait en broche quand, sur la pointe de huit heures, M. le marquis se réveilla. Le marquis devint tout joyeux à l'idée de manger du lièvre.

Je croyais tout sauvé lorsqu'on s'assit pour déjeuner.

Malheureusement mon oncle, rendu bavard et familier par la bonne humeur du marquis, ne put s'empêcher de me taquiner à l'apparition du rôti sur la table. Tout en découpant, il recommença ses plaisanteries sur le chêne que j'avais tué. Il raconta mon aventure.

— « Comment, sartibois! tu as tiré?... Tu as tiré avec mon fusil? » disait le marquis devenu tout pâle.

— « Tiré et manqué, monsieur le marquis! »

— « Ah! brigand, révolutionnaire! Mais il y avait vingt-cinq louis, vingt-cinq louis d'or, dans le canon par-dessus la charge! »

Voilà : le canon du fusil servait au bonhomme de bourse et de cachette pendant ses voyages. En moins d'une seconde je devinai tout. Je m'expliquai la gifle extraordinaire que m'avait donnée le recul. Je me rappelai que, le coup partant, une grêle d'or m'avait paru s'éparpiller dans le clair de lune. Et, n'espérant pas le pardon d'un tel crime, je regardais déjà du côté de la porte, résolu à laisser mes remords et ma vie au fond du premier étang que je rencontrerais.

La voix de mon oncle me retint, mêlée à un cliquetis de louis d'or dégringolant sur de la faïence.

— « C'est donc ça que le lièvre était si dur? Allons, il n'y a pas trop de mal! »

Et il ajoutait en riant :

— « Appelez-moi mazette, monsieur le marquis, c'est lui décidément qui avait touché le lièvre... Cinq cents francs en louis d'or? Un joli coup de fusil : les rois n'en tirent pas souvent de pareils. »

Effectivement, vous me croirez si vous voulez, le coup avait presque fait balle, et tous les louis furent retrouvés l'un après l'autre, à mesure que nous mangions, un peu enfumés, mais intacts et en bon état.

— « Tous, Gogu, sans exception ?
— « L'arrière-train en était farci, les côtes, les cuisses, le gras du râble. Deux s'étaient fourrés dans la tête...
— « Retrouvés tous les vingt-cinq ?
— « N'exagérons rien ! A dire la vraie vérité, il manqua un louis à l'appel, un seul dont on n'eut jamais de nouvelles et que le marquis retint sur mes gages.

Mais assez causé : la pluie cesse ; le soleil a l'air de vouloir reparaître ; en attendant que la terre sèche, on pourra toujours tirer quelques lapins à la lisière des taillis. »

SOLEIL POUR PERROQUETS!

Tous les Parisiens aiment les quais, mais pas de la même façon.

Pour les uns, la suprême joie consiste à suivre les trottoirs entre le café d'Orsay et la place Saint-Michel, — musée qui se déroule incomparable et toujours varié avec la succession des magasins de curiosités et d'estampes, — puis à refaire le chemin, mais cette fois le long des parapets en feuilletant d'un doigt distrait les bouquins qu'entr'ouvre la bise, jusqu'à ce que la pointe des mâts de la Frégate-École, dressés derrière le pont Royal sur l'horizon clair de la rivière, vous avertisse — colonnes d'Hercule du Paris savant! — qu'il n'y a plus de livres ni d'images au delà et que la promenade est finie.

D'autres, je m'avoue de ces derniers, plus épris de nature que d'art, et d'êtres animés que d'imprimés silencieux, préfèrent la rive d'en face si plaisante aux cœurs ingénus par mille industries jardinières et paysannes qui apportent en cet endroit, à deux pas des Louvres sculptés, un souvenir de vraie campagne.

Voici le marchand d'objets de pêche offrant aux tentations de l'amateur des engins irrésistibles, ornés d'un grelot, compliqués d'un rouet : lignes à carpes ou à brochets, qui font rêver de prises somptueuses au bord de quelque étang seigneurial, bordé de joncs, obstrué d'iris, ridé par le plongeon subit des poules d'eau et des sarcelles; ou bien des instruments plus modestes, évocateurs de plaisirs bourgeois, de déjeuners dans la fraîcheur, près de la chute à mille filets jaillissants d'un barrage, et de somnolentes après-midi le long d'une claire rivière au fond velouté de vertes mousses sur lesquelles on voit, pareils à des navettes d'argent, les chevesnes qui vont et viennent.

Voici les marchands d'oiseaux, les marchands de poissons! cages bruyantes et bariolées, kaléidoscope de cris, vacarme de vives couleurs; aquariums décorés de rochers factices et d'herbes, où rodent mélancoliquement en collant à la vitre leur tête comique et leurs gros yeux, les cyprins aux ventres étranges.

Voici les boutiques plus spécialement rustiques des horticulteurs et des grainetiers, avec leurs étalages exhalant une bonne odeur de feuilles mortes et de terreau, leurs scilles marines, leurs lys de Saint-Jacques, leurs précieux oignons de jacinthes, de tulipes et de crocus où pointent déjà, luisantes, gonflées et comme pressées de fleurir, joie future des cheminées, des pousses d'un vert printanier.

Le matin, en toute saison, il y a toujours là un peu de soleil, vif et rose à plaisir et qui rit aux promeneurs de la rive gauche par-dessus la rivière, comme s'il se sentait ragaillardi lui-même, cet anémique soleil parisien, d'avoir à caresser tant de jolies choses chantantes et verdissantes.

Mais le soleil n'avait pas paru ce matin-là, non plus que la veille, non plus que l'avant-veille, non plus qu'à aucun des tristes jours de cette triste fin d'année. Un sol boueux! un ciel boueux! De la Seine élargie, roulant des buissons dans ses eaux jaunes et noyant écluses et bas-ports, un brouillard s'élevait et l'élargissait encore, un épais brouillard, ombre et fantôme de rivière, lequel venait par-dessus le parapet battre les maisons de ses flots mous et mouiller de mélancolie les joyeuses petites devantures.

Personne sur le quai, rien qu'un vieux nègre! et ce nègre se tenait immobile devant une boutique étalant, dans des serres minuscules, de minuscules plantes grasses qui, avec leurs tortillements et leurs pointes, semblaient un paysage tropical regardé par le petit bout de la lorgnette. De ses yeux enfantins, où l'exil a mis des tristesses, le bon vieux nègre tout grelottant croyait voir, entre les feuilles des cactus rabougris et des aloès rachitiques, les panaches légers de l'oasis natale flottant dans un lointain de mirage, et la plaine de sable immense qui se termine, là-bas, en ligne blanche à l'horizon d'un ciel gros bleu.

Il resta là longtemps, tout à sa contemplation, le pauvre vieux nègre d'Afrique; puis il s'en fut un peu plus loin, devant une autre boutique, où, sous les grillages luisants des volières, s'ébattaient et criaient toutes sortes d'oiseaux multicolores, portant, visible sur leurs ailes, la joie des pays de lumière.

Ici le nègre devint triste :

— « Oiseaux mes frères, semblait-il dire, quel est votre secret pour vivre ainsi, heureux et bien portants, dans ces climats glacés ?... J'ai pourtant essayé de m'habiller comme vous avec ma veste bleue, mon gilet rouge, ma cravate jaune, mais l'éclat de ces couleurs vives ne suffit pas à me réchauffer ! »

Soudain le nègre se frappa le front de ses deux poings et sourit d'un large sourire. Une annonce stupéfiante était la cause de son contentement. Derrière la vitre, sur une pancarte, il venait de lire ces mots :

Soleil pour Perroquets

— « Soleil pour perroquets ?... tout s'explique, se disait maintenant le nègre. C'est bien cela, parbleu : soleil pour perroquets ! On vend du soleil aux perroquets, ça leur permet de vivre à Paris... Qui se serait douté de la chose ?... Sans doute du soleil en barre, quelqu'une de ces longues tringles d'or qui, les après-midi d'été, se glissent dans les habitations par les persiennes mal fermées et qu'on casse en

menus morceaux ni plus ni moins que du jus de réglisse...
Soleil pour perroquets!... Il est possible encore qu'on le
leur vende en bouteilles... Aussi comme ils se portent, les
gaillards!... Mais ce qui est bon pour les perroquets doit
être aussi bon pour les nègres... »

Et, tout fier de sa découverte, après s'être fouillé, le nègre entra :

— « *Soëi péoqué, sioupé madam, cinq sous pove nègue!...* »
baragouinait-il à la marchande qui, sans bien comprendre
ce qu'espérait ce nègre, lui remplit cependant, en échange
de la monnaie, un grand cornet de graines luisantes et
noires.

Le nègre partit radieux, déjà réchauffé, emportant cinq
sous de soleil dans un cornet de papier gris.

À ce moment précisément, le brouillard s'étant dissipé,
un clair rayon cligna de l'œil, par un trou d'azur entre les
nuages.

Et je n'eus pas le courage, car il ne faut enlever d'illusion à personne, pas même à un nègre, je n'eus pas le
courage de lui apprendre, qu'à Paris, les progrès de la science
ne vont pas jusqu'à débiter le soleil au détail, et que ce qu'il
venait de s'acheter pour son jour de l'an de nègre, était simplement, vous le devinez? quelques grammes de ces graines
de tournesol — plante vulgairement appelée Soleil — que
les vieilles dames ont coutume de donner à leurs perruches
et à leurs aras en manière de friandise.

LA PAYSANNE

Il y avait une fois à Luzancy, pas très loin de la Ferté-sous-Jouarre, une vieille femme si vieille que tous ses parents étaient morts. On l'appelait *la Sempiterne* malgré que son vrai nom fût veuve Béchu. La Sempiterne possédait pour seule fortune une chèvre dont elle vendait le lait dans la saison, et que les bonnes gens la laissaient nourrir, comme par aumône, du maigre gazon des bords de champ, ainsi qu'aux troènes de leurs haies.

De temps en temps aussi, pour gagner quelques pauvres journées, elle s'en allait laver lessive à la fontaine de Cranlin où les fées reviennent. Le Cranlin est une eau qui sourd au bas des coteaux, par-dessous une pierre moussue, et puis s'étend en claire nappe à l'ombre de treize tilleuls.

Un jour — c'était l'année passée à peu près vers cette saison, quand l'épine franche a passé fleur et quand, sur les buissons, commence à blanchir l'aubépine — un jour la Sempiterne eut une surprise. Dans cet endroit solitaire d'où la crainte écartait le monde, à côté de la pierre moussue, une belle dame était assise, la figure si blanche avec de si fins cheveux d'or, que la Sempiterne s'arrêta, la prenant au moins pour une fée. Mais un garçonnet jouait près d'elle, et la Sempiterne comprit que ce ne pouvait pas être une fée, parce que les fées n'ont pas d'enfants.

Alors, ayant attaché la chèvre au bord de l'eau, — les chèvres, comme on sait, sont friandes de cresson et de menthe, et ces herbes leur font le lait bon — elle mit le linge tremper, puis s'installa, un peu plus bas pourtant qu'à sa place habituelle pour ne pas déranger la belle dame.

Mais, tout en lavant sans rien dire, elle levait parfois la tête et regardait sournoisement la belle dame et son garçon.

La dame lisait dans un livre, au grand étonnement de la Sempiterne, qui n'avait jamais vu faire cela qu'au curé; le garçon voulant lier connaissance avec la chèvre, avait franchi le rû où se déverse la fontaine. Quelquefois, quand il s'approchait trop, la chèvre tirait sur sa corde et, le front baissé, menaçait. Alors le garçon s'enfuyait, peureux et content d'avoir peur.

Courant de la sorte, il tomba.

— « Henriquet!... Henriquet!... » criait la belle dame.

Mais déjà la vieille Sempiterne s'était dressée, et elle relevait l'enfant, tout en menaçant la chèvre de son battoir.

— « Ah! la païenne, ah! la sans-cœur... C'est le diable et ses cornes, cette bête!... T'as pas honte, dis, t'as pas honte de faire ainsi frayeur au petiot! »

La chèvre écoutait le discours. Henriquet, émerveillé et qui n'avait plus peur du tout, osa lui caresser les poils de sa barbiche.

Cependant la belle dame demandait si on ne pourrait pas, le matin, apporter au hameau des Hautes-Feuillées un verre de lait pour Henriquet.

— « Pas avant un mois, tout au juste! Faut auparavant que la chèvre chevreaute; mais sitôt le biquet sevré, nous garderons le lait pour vous. »

A partir de ce moment, Henriquet prit en grande amitié la vieille Sempiterne et sa chèvre. Il venait à leur rencontre tous les jours sur le chemin de la fontaine. Mais ce fut bien autre chose encore lorsque la chèvre eut chevreauté et que son biquet la suivit. Henriquet le prenait dans ses bras; il tétait au pis comme lui, et la chèvre le laissait faire.

Si bien qu'après cinq mois, lorsque, octobre annonçant l'hiver, la dame parla de regagner Paris, Henriquet pleura tant et tant qu'il fallut amener aussi la chèvre, le chevreau et la Sempiterne.

Effrayée par le vacarme des wagons et le fourmillement de cette grande ville où, tous les jours que le soleil fait, le monde est en habits des dimanches, la bonne vieille Sempiterne avait d'abord voulu repartir :

— « Y a trop de maisons et point assez d'arbres ! »

Puis, la nuit, lorsqu'elle regardait de sa fenêtre à mansarde les milliers de becs de gaz étincelants comme des étoiles :

— « Les gens par ici sont fous, ben sûr, de gaspiller ainsi leur huile ! »

Et elle concluait par sa phrase de prédilection :

— « Tout ça, c'est le diable et ses cornes ! »

Formule vague, mais commode, qui lui servait à exprimer les sensations les plus diverses.

Peu à peu cependant la Sempiterne s'est habituée.

Le Luxembourg, les Tuileries, les arbres des quais et des squares l'ont réconciliée avec Paris. Elle a appris le chemin des rues. Et maintenant c'est elle qui, toute seule, conduit Henriquet en promenade, regrettant, à la vue des parterres toujours en fleurs et des pelouses bien arrosées, de ne pouvoir également y conduire la chèvre et le chevreau prisonniers dans le coin d'un petit jardin.

Henriquet l'appelle maman Béchu, et n'échangerait pas, pour la nounou la mieux pomponnée, avec des rubans de bonnet, si longs qu'ils en traînent par terre, et des boules d'or dans les cheveux, cette paysanne sèche comme du bois sec, crevassée comme un sarment de vigne, dont la peau sent la terre et l'herbe, et qui lui conte de si beaux contes, le soir, quand vient l'heure de s'endormir.

Elle se trouve heureuse, la Sempiterne! C'est pour elle, à soixante et dix ans passés, une enfance qui recommence, aussi lumineuse, aussi féerique que la première fut triste et terne.

Un jour, on l'a menée à la comédie; et tout de suite elle s'est signée, croyant entrer dans une église. Au Jardin d'Acclimatation, au Jardin des Plantes où son Henriquet la promène, elle a de naïves terreurs devant les bêtes des pays étrangers et de grandes joies à reconnaître un arbuste, une fleur qu'elle nomme de son nom rustique. Tout cela, sans doute, est pour Henriquet, mais plus qu'Henriquet elle en profite. Parfois même — on n'est pas parfait, et les vieillards devenus enfants reprennent goût aux friandises — parfois, quand elle achète quelque gâteau pour Henriquet, il lui arrive de l'écorner, oh! légèrement, du bout des doigts, et de se régaler des bribes.

Si vous l'aviez vue l'autre après-midi devant la baraque à Polichinelle! La pièce avait un succès énorme; l'héroïque et féroce bossu frétillant, frappant, baragouinant, était en train d'assommer le commissaire, et c'étaient des fusées de rire chaque fois qu'un fort coup de trique résonnait sur un crâne en bois. Mais dans l'auditoire enfantin, personne, pas même Henriquet, ne s'amusait, soyez-en sûrs, à l'égal de la bonne vieille, applaudissant de ses mains dures et dans les yeux de qui, des yeux ridés petits et clairs, les larmes du plaisir brillaient.

Mais le printemps est revenu. On retourne à Luzancy dans huit jours.

Henriquet en rêve la nuit. Il se voit jambes nues dans les hautes herbes, avec la chèvre et le chevreau, près de la fontaine de Cranlin où les fées reviennent.

La Sempiterne est contente aussi, pauvre Sempiterne! très contente; mais son contentement ne va pas sans regrets :

— « Vot' grand Paris, voyez-vous, c'est quasiment le diable et ses cornes; pourtant s'il fallait, tout de même, je m'accoutumerais ben à y mouri! »

AU COIN DU FEU

Voici le soleil revenu; mais nous l'avons échappé belle : huit jours de ciel neigeux et de cinglante bise, véritable hiver en raccourci, faisaient craindre aux plus intrépides l'arrivée prématurée et définitive du froid.

Paris en a eu le frisson!

Des ramoneurs s'étaient montrés, ironiques et ragaillardis; l'Auvergnat marchand de charbon riait de toutes ses dents blanches; les tailleurs, qui, chaque matin, à l'heure des tailleurs, entre dix et onze, arpentent les carrefours et les rues, un paquet de lustrine sous le bras, combinaient, en trottant, des coupes savantes dans des draps extraordinairement épais et chers à proportion ; tandis que le passant s'arrêtait rêveur devant la porte des rôtisseries, non pour s'aiguiser l'appétit au spectacle des volailles en broche, non pour respirer leur parfum suave, non pour écouter la musique des jus dorés tombant en cascade dans les lèchefrites d'airain, mais simplement pour admirer ces magnifiques feux de bois, tout braise rouge, cendre blanche et flamme claire, qui, en pleine ville, au tournant d'une boutique, viennent évoquer soudainement la vision des grandes flambées campagnardes.

A la suite de quoi chacun des innombrables provinciaux dont l'agglomération compose ce qu'on appelle les Parisiens était rentré chez lui en disant :

— « Sapristi ! ça pique et ça pince ; il serait temps peut-être de se donner un air de feu. »

Aux champs, le feu dure toute l'année. Une seule cheminée pour la maison : c'est le dîner des hommes, la pâtée des bêtes ; et, pas plus en août qu'en janvier, la pierre de l'âtre ne refroidit guère. D'ailleurs, pourquoi épargner ? le hangar regorge. A l'entrée de la cour un billot de chêne n'attend que les coins et la cognée. On a des branches, des sarments, les fagots de la vieille haie, sans compter en maint pays l'effrayant monceau de souches noires, victimes du philloxera, cadavres des vignes arrachées qui brûlent, hélas ! si gaiment et dans les étincelles desquelles l'œil calculateur du paysan croit voir s'envoler tant de bon vin et de richesse.

— « Approchez-vous! Malheureusement ce n'est pas le combustible qui manque! »

Une rentrée par le brouillard, une promenade dans les prés mouillés, tout devient prétexte à faire une *chaude*.

Ici au contraire, où, six mois durant, le foyer reste caché derrière des pots de fleurs, une toile peinte, un écran de laine frisée imitant la mousse, ici le premier feu ne s'allume pas sans un peu d'émotion et de cérémonie. On s'est enfermé à double tour, refusant les services de la cuisinière; on a voulu disposer soi-même bûches et bûchettes; et quand il s'agit d'allumer, c'est religieusement qu'on frotte l'allumette, avec la solennité des lointains ancêtres prenant, sur l'autel, le *pramantha* d'où va jaillir la flamme sacrée. Ce jour-là le charme intime du chez soi se dégage plus pénétrant : des lueurs courent, les murs s'égayent; sous le reflet de l'abat-jour, la table chargée de papiers devient attirante; et l'on rêve alors pour l'hiver, dans cette atmosphère tiède, apaisée, lointainement familiale, on rêve — c'est toujours cela! — quelque grand travail bien long, bien tranquille... que les tracas de la vie de Paris empêcheront d'exécuter.

Les gens trop riches ignorent ces joies, eux qui, chauffés de calorifères invisibles, considèrent le feu comme un objet de luxe, un élément décoratif bon tout au plus à motiver et à justifier l'existence des cheminées que les architectes, par routine, s'obstinent à mettre dans les salons; et ce n'est pas à un millionnaire que serait arrivée l'aventure dont le souvenir m'est revenu l'autre soir, rêvant les pieds sur les landiers.

Je possédais une fois, (il y a longtemps de cela, et les

concierges détestaient moins les bêtes qu'aujourd'hui), donc, une fois je possédais un petit chien et une tortue. Amis pendant la belle saison et faisant volontiers ménage ensemble, ils se brouillaient régulièrement tous les hivers pour la bonne place au coin du feu. La tortue poussait, le chien grognait : c'était une bataille continuelle. Une année, les choses allèrent si loin et la tortue avec le petit chien bataillèrent tant autour des chenets, qu'on en oublia leurs noms véritables. Elle fut rebaptisée *Cendrillon* à cause de son amour pour les cendres; lui, désormais s'appela *le Guèbre* parce qu'il adorait le feu. Puis l'hiver finit, l'été se passa; et de nouveau l'hiver revint. Craignant d'être surpris par les frimas, j'avais, dès la première gelée blanche, tout préparé dans la cheminée. Il ne restait qu'à y mettre l'allumette. Un jour de froid vif, je me décidai. Assis et comprenant sans doute l'importance de l'opération, le Guèbre me regardait faire. Cendrillon, disparue depuis une semaine, devait sommeiller dans quelque coin, à son ordinaire; je ne m'inquiétais pas de Cendrillon. Aussitôt que le feu brilla, le Guèbre ayant constaté avec une évidente satisfaction l'absence de son ennemie, s'étendit tout du long, immobile, les yeux mi-clos, le museau posant sur les pattes, dans une attitude tout orientale d'extase et de prosternation. Pétillantes, enveloppées, déjà les bûches étaient d'un beau rouge, quand soudain, le Guèbre se redressa. Il aboyait, se précipitant contre la flamme pour la mordre. Au même instant, phénomène étrange, il me sembla qu'un soulèvement volcanique dérangeait l'ordonnance de mon foyer. Doucement, lentement, la couche de cendre s'entr'ouvre; une masse noire qui paraît vivre, émerge au milieu des tisons croulants et des braises incandescentes, puis culbute par-dessus la grille et vient rouler jusqu'à mes pieds.

C'était Cendrillon qui, toujours en quête d'un endroit tranquille pour dormir, avait cru bien faire de se fourrer dans le menu bois, se préparant ainsi sans le vouloir la fin déplorablement tragique d'Hercule, de Sardanapale et du philosophe Peregrinus. Elle répandait une odeur de soulier brûlé. Des charbons incrustés dans son écaille brillaient comme des escarboucles. Je pris cette boule fumante, je la pris avec des pincettes et la plongeai au fond d'un seau d'eau. L'eau frissonna, et quand je remis la boule sur le tapis, la boule fumait encore. Vous croyez peut-être Cendrillon morte? Pas du tout! elle n'était qu'un peu étonnée. Le premier moment d'émotion passé, elle sortit une patte, deux pattes, puis les quatre pattes, puis la tête, et, trouvant sans doute l'air un peu froid, elle revint se remettre auprès du feu. Sur un fauteuil où il s'était réfugié, le Guèbre grondait sourdement.

Mais désormais le Guèbre était vaincu : il garda toujours de cette apparition surnaturelle une impression mêlée de terreur et de respect et jamais plus, malgré un hiver long et dur, il n'essaya de disputer la bonne place à l'animal impassible et silencieux qu'il avait vu se promener dans les flammes.

MONSIEUR JÉROME

Monsieur Jérôme! » On ne l'appelle pas d'un autre nom dans le quartier. Voulez-vous que je vous présente à « monsieur Jérôme? »

Nous allons, s'il vous plaît, prendre par la rue de Vaugirard, rue un peu longue mais plaisante et pavée — c'est le mot — de souvenirs. Le trottoir n'est pas bitumé. De loin en loin, parmi le damier régulier des petits grès de

Fontainebleau, quelques dalles plus larges s'étalent. C'est un reste de voie romaine, mis à jour sur place et utilisé par les entrepreneurs. A quelques pas de là, engagée dans le mur d'une maison, une haute borne se dresse. Après la voie romaine, le chemin royal! Cette pierre, témoin muet, a vu passer tout l'ancien temps, ses triomphes et ses idylles : Louis XIV en carrosse d'or, les laitières et les gardes-françaises de la Régence. Un trou rond, profond comme une blessure, y marque la place des fleurs de lys arrachées.

Allons toujours vers la barrière, et arrêtons-nous à cette large porte, ornée, comme chez les maréchaux-ferrants de village, d'un fer à cheval cloué sur le bois vermoulu. Poussons la porte; on ne se croirait pas à Paris, mais à vingt lieues. Une cour de ferme, entourée de hangars à toit plat; un puits au milieu, avec sa margelle usée et son couronnement de fer contourné où pend encore la poulie sans corde. Tout cela sec, vieux, abandonné.

Autrefois, quand des champs étaient autour, l'humidité tombant des feuilles ou montant des terres remuées entretenait la fraîcheur, verdissait de mousse la paroi des murs et couronnait leur crête ébréchée d'une ligne grise d'herbes folles. Mais Paris s'est mis à grandir. Rares d'abord, perdues dans la plaine, les constructions peu à peu se sont serrées, la bâtisse a mangé les champs, et un jour la vieille ferme s'est trouvée toute dépaysée au milieu d'un pâté de maisons neuves, avec sa porte charretière ouvrant sur une rue éclairée au gaz.

La ferme proteste d'abord et se fait nourrisserie, histoire de garder dans son étroite cour un petit morceau de campagne. Un tableau naïf, accroché à l'entrée, représente une mère vache et des poules grattant le fumier. Les ménagères du voisinage viennent acheter les œufs frais pondus et le lait fumant qu'on achève de traire.

Mais le siège tue tout cela, et maintenant un maréchal-ferrant fait ronfler sa forge et tinter son enclume sous le hangar, au fond de la vieille cour.

C'est ici que « monsieur Jérôme » habite. Le voilà justement, assis sur son train de derrière, qui regarde les passants passer, en attendant l'heure du travail. Il n'est pas beau, « monsieur Jérôme! » Figurez-vous un barbet mâtiné de griffon, non sans quelque mélange de plusieurs autres races. Il a le poil ras, jaune et blanc, et la mine un peu barbouillée, avec une tache sur l'œil gauche qui lui donnerait l'air casseur du mauvais ouvrier, sans la douceur profonde de ses prunelles bleu faïence. Beau ou non, et tel quel, « monsieur Jérôme » a conscience de sa valeur. Jérôme possède un état.

Deux heures sonnent. le maître siffle. Tranquillement, « monsieur Jérôme » va s'installer au fond de la cour, près de la forge, la queue dans les débris de mâchefer et la poussière de limaille. Le maître, du bout de sa pince, plonge un morceau de fer dans le foyer à demi éteint. Jérôme a compris : d'un saut le voilà dans la roue, une grande roue d'écureuil. Jérôme trotte, Jérôme galope, et la roue tourne, le soufflet ronfle, la houille se gonfle et rougit. Jérôme travaille; Jérôme, avec ses quatre pattes, gagne des journées d'ouvrier de trois francs.

Aussi « monsieur Jérôme » est-il tout le long de la rue

de Vaugirard, une manière de personnage. Le boucher, la fruitière l'estiment; affectueusement les enfants lui tirent les poils et l'oreille, et les petits apprentis à cotte et à bourgeron bleus, jaloux de ses gains et reconnaissant en lui plus qu'un confrère, le saluent avec une nuance de respect.

Jérôme malheureusement a un défaut, défaut terrible, même chez un chien : Jérôme aime à faire le lundi. Solide au poste toute la semaine, tournant la roue tant qu'on veut, de glace aux tentations et de fer à l'ouvrage! Mais rien jusqu'à présent n'a pu lui faire entrer dans la tête que le lundi n'est pas le prolongement naturel du dimanche.

La besogne a beau presser ce jour-là, et les pratiques attendre, si la porte s'entre-bâille ou que le maître tourne la tête, adieu la forge, adieu l'enclume! Jérôme file, Jérôme est parti. Et ce sont des fuites à la barrière, des sommeils sous les tables des marchands de vin, d'interminables flâneries le long des fortifications et dans l'herbe maigre des terrains vagues, toute une journée de plaisirs malsains et de joies coupables, jusqu'à l'heure où il faut rentrer, l'oreille basse, la queue effacée et le dos s'offrant de lui-même à une correction prévue.

Le patron de Jérôme, excellent homme et bon travailleur, a presque renoncé à le corriger. Il rit même de sa malice.

— « Que voulez-vous? me disait-il l'autre jour, il n'y a pas de sa faute précisément, les chiens sont toujours un peu ce que sont les maîtres. Autrefois je faisais le lundi, Jérôme le faisait avec moi. Ayant pris femme, et des enfants étant venus, j'ai perdu cette mauvaise habitude. Jérôme, lui, la garde; il ne peut pas entrer dans ma manière de voir. »

Jérôme écoutait ce discours, tranquillement, d'un air hypocrite, ayant l'air de dire :

— « Dame! quand on n'a pas de famille!... »

Le maître ajouta :

— « Allons, Jérôme! vite à la roue, il nous reste un fer à forger. »

Mais à ce moment des cris s'élèvent, un bruit de cornets à bouquin retentit. Jérôme se dresse, frétille et se précipite dans la rue.

— « Jérôme!... ici, Jérôme! »

Mais Jérôme n'écoute pas. Jérôme suit une voiture de masques.

— « Ah! le luron, disait le maître, comme il a la mémoire longue! C'est aujourd'hui la mi-carême, et jadis tous les deux, en camarades, nous chômions la mi-carême volontiers. Brigand de Jérôme! Hein? a-t-il filé? C'est égal, l'année prochaine, quand la mi-carême reviendra, on pensera à fermer la porte! »

LE MERLE

A cause d'un merle, mon ami Mario a failli ne pas avoir la joie de passer sa saison aux champs. D'ordinaire, il faisait comme nous tous, les Parisiens pauvres, se cherchant, dès que mars arrive, soit une réduction de montagne dans les coteaux de la banlieue, soit un à-peu-près de plage aux bords accueillants de quelque rivière qui reflète d'abord des joncs, puis des peupliers, puis encore, — en arrière du chemin de halage sur lequel le pas rare des chevaux n'empêche guère les fleurettes de pousser, — une ligne d'habitations blanches.

Tout le monde, et moi le premier, s'étonnait de voir cette année que Mario ne quittât pas, au moins pour trois ou quatre mois, le petit logis qu'il occupe avec ses tableaux et ses livres dans un immense et vieil hôtel de la rue des Marais-Saint-Germain, où, du milieu d'une cour pavée qu'ornent aux quatre coins de gigantesques bute-roues, s'étire vers le carré de ciel visible entre les toits, un ormeau maigre et solitaire.

Mario alléguait d'impérieux devoirs, des travaux sérieux l'enchaînant à Paris, disait-il, comme Prométhée à son roc.

L'autre soir Mario m'arrive. Pris d'une fringale de vert, il s'était enquis de la situation topographique de mon ermitage. Je l'aperçus de loin, coupant au plus court, malgré les gestes scandalisés d'un chef de gare, et dévalant la haute chaussée du chemin de fer — touffue comme une forêt vierge, toute fleurie de grands pavots, toute hérissée de grands chardons rigides et décoratifs, pareils à des candélabres de bronze — au bas de laquelle le susdit ermitage s'adosse, et qui, barrant l'horizon de Paris, pour ne laisser voir que la plaine et les bois, ferait croire par moments, sans le passage continuel des trains, qu'on habite une lointaine campagne.

Voilà Mario joyeux qui s'installe, qui déclare cet endroit le plus beau du monde et qui veut y finir ses jours. Ce furent tout autour d'étonnantes promenades. A la dernière, dans un petit vallon par nous découvert, vraie fente bourrée de verdure entre deux pentes que parfument des champs d'œillets et de fraisiers, tandis que, marchant doucement, nous écoutions le roucoulement lent des tourterelles et, de cinq minutes en cinq minutes, le cri voyageur du coucou, soudain un oiseau noir à bec jaune traversa l'étroit sentier, d'un buisson à l'autre.

— « Un merle ! » m'écriai-je.

A ces mots, Mario pressa ma main :

— « C'en est fait ! Il faut que je rentre à Paris. »

Et nous étant assis au sommet d'un tertre en belle vue, Mario me raconta son histoire :

« J'ai pâli tout à l'heure en apercevant un merle. C'est qu'un merle fait depuis deux mois le désespoir de ma vie. Tu sais combien je vivais tranquille au fond de ma grande vieille maison. Jamais de voitures ni de bruit dans la rue; à peine, de temps en temps, le chant du coq d'un fruitier, les cris bientôt apaisés d'une sortie d'école, ou les cloches de Saint-Germain-des-Prés dont le son adouci m'arrivait par-dessus les toits. Au terme de janvier, le locataire ancien étant parti, je vis un nouveau voisin emménager dans la chambre à lucarne d'en face. Il avait l'air joyeux, et, du matin au soir, derrière un carreau de verre brouillé, il ressemelait des souliers en fumant sa pipe.

Tout alla bien tant que les froids durèrent; mais quand vint la belle saison, mon voisin suspendit à un clou du mur, au-dessus de la gouttière, une cage avec un merle dedans. A partir de ce jour commença le supplice. Certes ! je ne déteste pas le cri bref et moqueur du merle dans l'ombre des haies; j'aime aussi beaucoup la Marseillaise, et même, au beau temps de jadis, je fus mis au poste pour elle. Mais tu ne sauras jamais ce qu'est la Marseillaise quand un merle en cage la siffle. Passe encore si le merle en question, mon merle ! l'avait sifflée exactement !

Il ne savait, le misérable, que les cinq premières notes du refrain; quant à la sixième, son érudition n'allait pas jusque-là, et, dans la tristesse de mes après-midi, j'entendais l'affreux merle, comparable à une serinette dont le cylindre aurait perdu quelques pointes, recommencer sans cesse le même air sans cesse avorté.

— « Aux... ar... mes... ci... to... » et il se taisait.

— « ... Yens !... brigand, assassin ! » lui criais-je.

— « For... mez... vos... ba... ta... »

— « illons !... illons !... illons !... » criais-je en m'égosillant plus fort. Mais j'avais beau indiquer le ton, le merle ne m'écoutait pas et mes fureurs restaient inutiles. J'essayai de me calfeutrer : hélas ! le cruel sifflet trouait mes vitres, strident et grinçant comme une vrille faite en diamant de vitrier.

Un parti me restait : rendre visite au propriétaire du merle. J'allai le voir et malheureusement je trouvai en lui un cœur simple, plein d'une affectueuse admiration pour les talents de son oiseau.

— « Me séparer de mon merle ? s'écria-t-il dès mes premiers mots, je ne le voudrais pas quand on m'offrirait cent mille francs. Je l'ai eu tout petit, dans une touffe de framboisiers; il survit seul de la nichée. Ce merle, c'est ma compagnie, je m'ennuierais trop sans lui sous les toits, à ressemeler des souliers pendant toute la sainte journée. Et si vous saviez comme il siffle ?... Siffle, petiot, siffle pour Monsieur !... Il ne sait pas encore tout l'air, mais je vais me remettre à ses leçons aussitôt que je serai venu à bout d'une assez importante commande. »

J'arrêtai net les effusions ; avec son amour pour son merle, ce brave homme m'attendrissait.

— « Vous comprenez, c'est un caprice, voyons, en voulez-vous vingt francs ? »

Et je mis vingt francs, mes seuls vingt francs ! sur son établi, au milieu des boules de poix et des alènes.

Le brave homme regardait alternativement la pièce d'or luisante et son merle. Tentation grande, car il était pauvre ! Enfin il se décida :

— « Eh bien, prenez-le à vingt francs. Avec l'éducation qu'il a, ce n'est pas cher.

— « Oh ! pour ce que je veux en faire !

— « Du moins vous n'allez pas le tuer ?.. » dit-il en me plongeant dans les yeux un regard qui me pénétra jusqu'à l'âme.

Je protestai non sans rougir un peu, car j'avoue que tuer le merle avait été ma première idée.

— « Ni le vendre à un marchand d'oiseaux ? les marchands d'oiseaux sont les bourreaux des bêtes... »

Je jurai encore de ne pas vendre le merle à un marchand d'oiseaux.

— « Écoutez, conclut le ressemeleur qui décidément m'avait deviné, puisque vous êtes un savant, toujours à lire ou à écrire, ou à travailler de tête, et que le voisinage de mon merle vous ennuie, le mieux serait de le mettre en pension, chez un ami, pas bien loin du quartier, où de temps en temps je pourrais aller le voir. »

Il fallut faire ce qu'il voulait, et tous les deux, moi portant le merle, nous allâmes le mettre en pension rue des Canettes, dans la boutique d'un marchand de tabac en qui j'ai confiance.

Depuis, c'est bien une autre affaire : l'homme au merle ne quitte plus mon chez moi; vingt fois par jour il vient me parler du merle, me demander de ses nouvelles :

— « Est-il soigné ?... Mange-t-il bien ?... Hier matin il avait l'air tout triste, vous ne feriez peut-être pas mal de passer un peu rue des Canettes... »

Et je passe rue des Canettes (le sort te préserve à jamais d'avoir la responsabilité d'un merle !) et voilà pourquoi la vue du merle de tout à l'heure vient de me rappeler sévèrement que je ne suis point passé rue des Canettes depuis deux jours. Adieu, ami; la campagne est belle, mais je reprends le premier train... Voyons! que ferais-tu à ma place?

— « A ta place, je rendrais dès ce soir le merle à son propriétaire.

— « Et puis?

— « Et puis je viendrais me loger ici pour trois mois.

— « Et alors?

— « Et alors dans trois mois le merle sera mort, ou tout au moins il aura fini d'apprendre le refrain de la Marseillaise. »

SUR

LE PONT DES ARTS

J'AIME beaucoup le pont des Arts !
Non parce que le pont des Arts mène à l'Institut, mais parce que le pont des Arts est un pont silencieux, sans fracas de voitures, que prennent volontiers les petites gens lorsque, rentrant pour le repas du soir et la tête lourde encore du travail de la journée, ils ne sont pas fâchés d'arranger leur retour au logis en promenade.

Paris est très beau, vu de là. A gauche : le pont Neuf, sa pointe de verdure et les cascatelles de son écluse ; la haute cheminée de la Monnaie qui fume, battant des louis d'or pour les heureux ; et, plus loin, derrière un enchevêtrement de toits sur le ciel et de ponts sur l'eau, les profils moyen âge de la tour Saint-Jacques, du vieux Chatelet, de la Sainte-Chapelle et de Notre-Dame. A droite, tout poudroie dans le soleil couchant; l'horizon est rouge au-dessus de Grenelle ; et, des Tuileries au delà du Trocadéro, les rives du fleuves font comme un chemin de verdure par où le rêve et le regard s'en vont doucement jusqu'à la campagne.

L'autre soir, mon pont me sembla triste : pas de soleil couchant, la brume. Grenelle sombre aussi bien que Bercy! Les eaux remuées de la Seine, vertes sous un petit vent âpre et dur, se donnaient entre les quais de vrais airs de mer en colère. Les bateaux-mouches allumaient leurs feux avant l'heure, la nuit arrivant avec la pluie. Les rares passants filaient, sans s'arrêter, sur le pont.

Vers le milieu, immobile et comme insensible à tout, un vieux jouait de la serinette. Quelle serinette, mes amis! asthmatique, édentée, finie comme son maître et pareille en tous points, j'imagine, à celle dont les sons cassés exaspéraient si fort Jean-Jacques Rousseau, dans ses promenades solitaires sur la route de Gentilly. Il sortait bien une note sur dix, mais si faible! et cette plainte de *cri-cri* mouillé, perdue dans la pluie et le vent, produisit sur moi une impression à la fois comique et douloureuse.

Le vieux était pâle, il tremblait un peu et faisait effort pour tourner vite, vite — en précipitant les notes de façon qu'on ne remarquât pas celles qui manquaient — la manivelle de sa boîte.

Un autre vieux, aussi vieux que lui, s'approcha.

Celui-ci était marchand de coco. Il portait sur le dos,

point trop gaillardement par exemple, une de ces éblouissantes fontaines à la mode d'autrefois et comme on n'en voit plus guère. Tout autour du récipient revêtu d'un antique velours d'Utrecht, dépouille probable de quelque canapé, se relevaient en bosse et luisaient mille ornements découpés dans le fer-blanc et le cuivre. Cinq toits — cuivre et fer-blanc — chevauchant l'un sur l'autre, retroussés aux angles, décorés de clochettes et de grelots comme une pagode chinoise, se balançaient de droite et de gauche, avec des éclairs vifs, un joli cliquetis, à chaque pas du marchand; et, tout à la pointe du toit le plus haut, une Renommée soufflant dans sa trompette tournait sur le pied gauche et faisait girouette.

Avant de venir s'égarer ainsi sur le pont des Arts, cette fontaine à coco avait dû connaître de beaux jours. Évidemment, elle avait vécu sous le Directoire et vu madame Tallien se promener, à travers le jardin des Tuileries des anneaux d'or aux doigts de ses pieds. Le propriétaire aussi, d'ailleurs, à en juger par son grand âge.

— « Eh bien! le musicien, te voilà?

— « Te voilà donc, vendeur d'eau claire!

— « Oui! j'avais voulu essayer encore aujourd'hui. Mais c'est bien fini, les pêcheurs n'ont plus soif le long des quais... Je rentre remiser mon *Wallace*.

— « Comme moi ma serinette, hélas! Depuis trois jours les gens cheminent les mains dans leurs poches et ne les sortent pas volontiers. Puis, je me fais vieux pour résister à l'hiver.

— « Chien de métier!

— « Damnée saison !

— « Allons ! un coup de coco tout de même, le dernier, histoire de trinquer !... A la tienne !... Comment le trouves-tu ?

— « Fameux ! quoiqu'un peu froid... C'est égal, par les grandes chaleurs, ce coup du soir faisait plaisir. Tu es un ami.

— « Faut bien s'entr'aider ! »

L'homme au coco s'éloignait, mais l'autre le rappela :

— « Attends, vendeur d'eau claire, attends ! Il faut qu'à mon tour je te régale. »

Et, furetant dans sa serinette, pressant des boutons, retirant des clous, taquinant le cylindre, il murmurait :

— « Il y a encore un air qui marche à peu près, un air très joli ; je le réserve pour les camarades... Ça y est. Attention ! »

La serinette, mise en joie et comme ragaillardie par le coup de coco, toussota doucement un air qui, à part quelnotes égarées, pouvait bien être *Fleuve du Tage*.

Le marchand de coco écoutait gravement, sa fontaine au dos, sous la pluie fine.

Quand ce fut fini, on se serra la main.

— « Au printemps prochain !

— « Au printemps ! si cet hiver il n'y a pas trop de misère. »

Et puis les deux vieux s'en allèrent : le marchand de coco par la cour du Louvre, le joueur de serinette par les quais.

LA DERNIÈRE SOUCHE

Triste Noël que la Noël de cette année au Mas des Antoines !...

Pourtant tous les Antoines du Mas des Antoines s'y trouvent réunis : quatorze, en comptant les serviteurs et les servantes. La table est au complet ; elle sera de même l'an qui vient, car la flamme des trois chandelles monte droite et ne s'est pas inclinée pour marquer celui ou celle qui doit mourir dans les douze mois.

Les femmes ont sorti la maîtresse nappe, la nappe des naissances et des mariages. Dans un plat de faïence jaune, fume, entière, la dinde rôtie ; et Cadet la trouve plus grande ainsi et frissonne en songeant que lui, Cadet, préposé à l'engraissement, s'est si souvent promené tout seul, au tomber du jour, par les campagnes solitaires, sous les noyers et les chênes à glands, en tête-à-tête avec un monstre de cette taille.

Quel repas! tous les biens de Dieu. Personne d'abord n'osait commencer tant c'était beau : des olives noires et vertes; des noix, des amandes, des figues; des muscats pendus, si frais que vous les croiriez cueillis d'hier, en voyant le pépin faire ombre à travers leur fine peau couleur d'ambre; des melons brodés, vrais melons d'hiver dont la chair transparente et blanche glace les dents comme si on mordait dans de la neige; puis le miel roux, le nougat rose, les fouaces aux anchois, les gâteaux à l'huile, les tortillades saupoudrées de sucre et d'anis; et, devant la place d'honneur, entre les trois assiettes où germe et verdit le blé nouveau, un superbe pain Calendal ajouré, festonné, piqué de brins de petits houx, que le nourricier, ancien berger, est allé couper dans la montagne.

Pourquoi la Noël est-elle triste au Mas des Antoines? pourquoi le rire des enfants ne s'envole-t-il pas au plafond avec les bouchons qui partent et les mousseuses fusées de clairette?

Le nourricier, un vieux parle-seul, a voulu, ce soir-là, par caprice de vieux, souper au coin de la cheminée sur le haut landier de fer commodément évasé en porte-écuelle. Cadet, qui aime les histoires, est venu s'asseoir près du nourricier.

Le nourricier radotant un peu :

— « Ah! Cadet, mon brave Cadet, je ne te mènerai plus à la vigne, je ne te ferai plus boire à ma gourde!... Autrefois j'ai vu des Noëls... La mauvaise bête qui tue les souches n'était pas venue d'Amérique... Les gens riaient alors, nous avions joie et abondance... Les pampres en ligne descendaient depuis le bois de pins jusqu'à la rivière... En hiver, le sarment pleurait et de ses larmes naissait la morille; en automne, des vols de grives venaient se griser dans nos plantiers. Et, tout le long de l'an, à la porte du Mas des Antoines, il y avait un verre avec un broc de vin où chacun, en passant, pouvait boire... Aujourd'hui, voilà ce qui reste!... »

Le nourricier montrait dans l'angle de l'âtre, — noircies et tordues par le phylloxera, — un grand tas de souches arrachées ; et Cadet sommeillant répétait comme dans un rêve :

— « Ah! Cadet, mon pauvre Cadet, on ne te mènera plus à la vigne, on ne te fera plus boire à la gourde! »

Cependant le souper s'achevait. Alors maître Antoine, chef de famille, se leva et, regardant son plus grand fils :

— « L'Aîné, ne serait-ce pas le moment d'apporter la bûche? »

L'Aîné prit une hache et sortit.

En face de la porte qu'il laissa ouverte une énorme treille se dressait, toute noire sur un ciel clair d'hiver, plein d'étoiles dansant à la bise. Cette treille, orgueil et parure du Mas des Antoines, n'avait qu'un cep, mais ce cep était si fort et si vieux, que le nourricier, bien qu'approchant de ses cent ans, ne se rappelait pas l'avoir jamais vu plus petit. Bossu, noueux, il couvrait à lui seul toute la maison de son ombrage. Quand la récolte donnait, il fallait qu'on l'étançonnât, les quatre piliers en grès rouge ne suffisant pas à porter le poids de ses grappes. Il avait des creux comme un tronc de chêne, de sorte qu'au printemps les mésanges y nichaient.

L'Aîné avait mis veste bas.

Un premier coup hardiment porté fit passer un frisson dans la treille morte.

Les coups redoublent, la treille chancelle et s'abat au milieu d'un bruit de bois sec qui se casse, entraînant avec elle étançons et piliers, et laissant voir, par derrière, au clair de lune, des lieues de coteaux, vignobles jadis, et maintenant nus sous la neige.

Maître Antoine disait, la voix tremblante :

— « Mes amis, les anciens contèrent toujours que les plans du Mas avaient été pris à cette souche. C'était la mère; elle les a vus tous périr, et s'en est allée la dernière ! »

L'Aîné avait fini d'ébrancher la souche et l'apportait sur son épaule. Le nourricier comme le plus vieux, Cadet comme le plus jeune, la prirent, chacun par un bout, et, pliant sous le faix, à petits pas, lui firent faire trois fois le tour de la table, selon la coutume.

Les trois tours faits, on apporta une bouteille, si poudreuse et si fleurie de moisissures que le verre ne se voyait plus. Maître Antoine la déboucha pieusement et dit encore :

— « Mes amis, voici dix ans que la vigne ne produit pas ! Nous n'en avions guère souffert, car je n'ai pas voulu vendre ma cave et vous régaler de belle eau claire tandis qu'on aurait bu dans les villes le vin que vous aviez fait pousser. Jusqu'à présent maître et valets ont vu tous les jours du vin sur la table, et personne au Mas des Antoines ne peut se plaindre d'être allé au labour ou à l'olivette sans avoir son fiasque rempli... Mais tout s'épuise, les tonneaux sont vides, voici la dernière bouteille. »

Le nourricier prit la bouteille et dit à son tour :

— « L'homme a trop fatigué la vigne. Mais le soleil garde toujours même chaleur, la terre garde toujours même force; un jour viendra où les coteaux refleuriront. »

Alors on jeta la souche dans l'âtre. Tandis que le nourricier l'arrosait par trois fois, elle prit feu soudain, et les filaments de son écorce lui firent tout autour comme un manteau vermeil.

Tout le monde voyant la bûche brûler si bien, chantait l'antique chanson de Noël : « Allègre ! allègre ! que le soleil nous allègre !... » Mais tout le monde, malgré l'heureux présage, aurait eu plutôt envie de pleurer.

Cependant le nourricier, que son grand âge rendait visionnaire, avait vu distinctement, au milieu des fumées et des braises, une treille chargée de grappes jaillir du tronc en flamme et monter ainsi dans la cheminée, tordant ses longs sarments et accrochant ses vrilles d'or aux noirs anneaux de la crémaillère.

Quant à Cadet, qui pendant la cérémonie s'était endormi sur son escabeau, il affirma en se réveillant avoir vu les mêmes choses que le nourricier.

LES BRAVES GENS

Comme les vers à soie n'avaient pas réussi, la bonne madame Peyrolles se trouvait par hasard d'assez méchante humeur et M. Peyrolles, résigné, la laissait pousser ses *Ave Maria* sans trop oser rien dire.

— « Dix livres de cocons ! soupirait madame Peyrolles,

pas même le prix de la graine; achetez-vous donc un châle avec ça !

— « Que veux-tu ? Ambroisine, tu te l'achèteras l'année prochaine. Douze mois sont vite passés.

— « L'année prochaine, qui l'a vue ? Une chose en tout cas certaine, c'est que je n'aurai pas encore le châle cette année-ci. Je peux chanter : *Mon cœur soupire !*... J'avais pourtant bien compté sur ce châle. »

Et madame Peyrolles s'étant tue, M. Peyrolles, qui croyait à une accalmie, prit son sécateur avec l'idée d'aller faire un tour au jardin. Madame Peyrolles l'arrêta :

— « Laisse donc les arbres tranquilles, tu auras demain le temps de les éborgner ! Autrefois, sans qu'on s'en mêlât, tous les ans le vieil espalier portait. Mais depuis que le grand savant de Paris est passé par Canteperdrix et qu'il vous a fait au Cercle cette fameuse conférence, depuis qu'il a fallu s'abonner à la Revue d'Arboriculture, toujours dans ses histoires et ses méthodes, ses bourres, ses greffes, ses bourgeons à bois, ses bourgeons à fruit, tu coupes, tu rognes, tu tailles... et je ne sais plus le goût qu'ont les poires ! »

Froissé par cette philippique dont il ne pouvait à part soi contester la justesse, monsieur Peyrolles quitta le sécateur, tandis que madame Peyrolles revenait au sujet de ses doléances.

— « Tant de peine ! Et pourquoi ? Pour rien. Voilà deux mois cependant que nous nous exterminons, sur pied de nuit comme de jour, avec Scholastique à qui j'avais promis de donner mon vieux châle lorsque j'aurais mon châle neuf et qui, l'hiver prochain, aux messes de sept heures, devra se contenter de sa pelisse d'indienne... D'abord, premier agrément : les vers à soie s'étant trop pressés d'éclore, en avance d'une semaine, sans attendre que la pousse eût verdi les mûriers, il nous a fallu chaque matin, pour leur nourriture, ramasser des feuilles de ronces, le long des fossés, comme deux bohémiennes. J'en ai encore les doigts picotés... Après leur second sommeil, quand tout à coup ils sont devenus tristes, qui est allée, au risque de se précipiter, cueillir dans les rochers du fort la lavande et la marjolaine nécessaires aux fumigations?... Et tant d'autres tracas encore!... Enfin tout marchait bien. Alignées sur les étagères, mes cinquante cabanettes en belle bruyère de Lure, n'attendaient plus que les cocons. Mes vers à soie achevaient de dormir des trois : roux comme l'or, gonflés, transparents et suant la soie. Déjà ils grimpaient le long des brindilles; les plus braves filaient déjà, accrochant leur fil à droite, à gauche, quand est survenu cet orage. Alors, au premier coup de tonnerre, j'ai vu les pauvres bêtes redescendre et venir mourir sur leur litière... Un désastre! Scholastique pleurait, j'avais envie d'en faire autant. »

Monsieur Peyrolles, ému, puisa pour se donner courage une double prise dans sa tabatière en écaille qui grinça, et pendant quelques secondes, silencieusement, madame Peyrolles et lui s'entre-regardèrent.

Monsieur et madame Peyrolles, ou — comme on les appelait plus communément dans le pays en manière d'affectueuse familiarité — monsieur Victrice et madame Ambroisine étaient, dans toute la force du terme, des personnes de l'ancien temps. Bien portants quoique très âgés (leur mariage s'était fait alors que Charles X régnait encore) ils vivaient de petites rentes, de ces toutes petites rentes qui autrefois suffisaient à constituer la fortune. Pauvres au fond, ils ne s'en apercevaient pas, ayant vieilli sans se créer aucun des besoins de la société nouvelle. Et ils étaient heureux, à la manière d'il y a cinquante ans, dans leur maisonnette de la Grand'Place, où les meubles fanés peu à peu, les glaces lentement ternies gardaient pour eux, grâce au souvenir, une même et immuable fraîcheur. Seulement, à chaque retour d'avril, madame Ambroisine, dans un haut grenier blanchi à la chaux et transformé en magnanerie, *faisait* une once ou deux de vers à soie; et, quand la réussite était bonne, cela leur permettait de s'offrir quelques douceurs. L'élevage des vers à soie n'est pas considéré à Canteperdrix comme travail artisan, et la bourgeoisie attardée et appauvrie de ce coin de province aime à se créer ainsi, sans croire déroger, un modeste supplément de revenu.

Mais, hélas! les vers à soie de madame Ambroisine n'avaient pas réussi cette année.

Soudain, la bonne figure préoccupée de monsieur Victrice s'éclaira.

— « Sommes-nous bêtes? et je n'y pensais seulement plus! mais je peux te l'acheter, ton châle... Notre rente du Jas de Brame-Faim, nous ne l'avons jamais touchée depuis l'héritage du pauvre oncle. Voilà deux années de cela : A cent cinquante francs par an, le total monte à trois cents francs sans les intérêts, juste ce que tu espérais de tes cocons. »

Là-dessus, monsieur et madame Peyrolles s'exaltèrent :

BRAVES GENS

— « Peut-on se laisser lanterner ainsi? Trois cents francs, mais c'est une somme. » Et ce fermier, ce Médéric, dont ils n'avaient jamais seulement aperçu la figure!

Une semaine durant, monsieur et madame Peyrolles ne parlèrent que du voyage. Car ce n'était pas précisément chose commode que d'atteindre le domaine de Brame-Faim, perché dans la montagne, au-dessus du village d'Entrepierres lui-même déjà perché haut. Quatre heures pour monter, autant pour redescendre : une absence de tout un jour!

Le dimanche, on se trouva prêts. Une voisine avait prêté son âne, et le boulanger son charreton où, sur deux chaises solidement amarrées, monsieur et madame Peyrolles s'installèrent tant bien que mal au milieu des bagages et des provisions accumulés par Scholastique.

— « Vous irez droit jusqu'à Entrepierres, disait Scholastique qui connaissait le pays; à Entrepierres, on quitte la grand'route, mais tout le monde vous indiquera le sentier qu'alors il faudra prendre. Vous dételerez à mi-montée, pour déjeuner, près d'une source qui est sous un chêne. Là vous laisserez le charreton, parce que les voitures ne vont pas plus loin, et Madame montera sur l'âne. Saurez-vous bâter l'âne, au moins? J'ai attaché le bat à l'arrière de l'équipage. »

... Après quatre bonnes heures de montée, moitié roulant, moitié trottant, conformément au programme de Scholastique, à travers buissons et pierrailles, les voyageurs enfin arrivèrent devant le Jas perdu de Brame-Faim.

— « Ce n'est pas beau! » dit Mme Ambroisine, tirant

sur le bridon pour considérer à loisir la masure rougeâtre, en cailloux roulés, avec son toit bas d'où sortait un peu de fumée.

— « Les blés sont clairs, reprit M. Victrice, j'y vois dedans les grillons courir. »

Et madame Ambroisine conclut :

— « Dame ! pour cent cinquante francs par an, on ne peut pourtant pas avoir le château du marquis de Carabas. »

M. Victrice aidant, madame Ambroisine mit pied à terre, et tous les deux s'avancèrent, suivis de l'âne. Mais ce qu'ils voyaient, ce qui les entourait avait un tel air de misère, qu'à l'idée de demander de l'argent ils se sentaient déjà gênés.

— « Tu t'expliqueras le premier, Victrice ! »

— « Il vaudrait peut-être mieux que ce fût toi, Ambroisine ! »

A leur approche, deux galopins ébouriffés qui jouaient dans un tas de paille prirent la fuite. Leur mère, en train de filer sa quenouille sur un tronc d'arbre, se dressa.

— « Vous vous êtes perdus ?... Vous alliez sans doute visiter Pierre-Écrite ?... Alors, c'est plus bas, près de la source, qu'il fallait tourner... »

Victrice regarda Ambroisine, Ambroisine regarda Victrice. Pourtant le courage leur manqua ; ils laissèrent croire qu'ils s'étaient perdus et qu'ils allaient visiter Pierre-Écrite.

La fileuse parut soulagée et dit :

— « J'avais eu peur d'abord que vous ne fussiez monsieur

et madame Peyrolles, parce que le bien est à eux et que nous leur devons de l'argent. »

Puis elle appela son mari :

— « Tu peux te montrer, Médéric, ce n'est pas ceux que nous craignions. »

Médéric descendit du grenier, suivi par les enfants dont les yeux timides luisaient.

Il offrit aux visiteurs du lait — il n'avait pas de vin — du miel en rayon, des noix et des pommes.

— « C'est tout ce que l'on trouve ici, la terre est si pauvre ! Heureusement que les nouveaux maîtres ne nous tracassent pas pour payer; sans cela, on n'aurait qu'à mettre la clef sous la porte. De bien bonnes gens que nous n'avons jamais vus. Mais vous devez les connaître, si vous êtes de la ville ? »

Ambroisine et Victrice dirent qu'en effet ils connaissaient un peu les Peyrolles.

Cependant le soleil baissait, il fallait prendre une décision.

— « Parle, » disait madame Ambroisine.
— « Non, parle, toi ! » disait M. Victrice.

Ils ne parlèrent ni l'un ni l'autre.

Bien mieux, quand madame Ambroisine remonta sur l'âne, alors la femme s'approchant :

— « Vous pourriez peut-être vous charger d'une petite commission, puisque vous retournez à la ville. Il s'agirait de porter cela, de notre part, à ce brave monsieur, à cette brave madame Peyrolles. »

C'était un grand coq, maigre et sec, qui protestait, lié par les pattes.

On le suspendit au crochet du bât... Et le soir, quand les deux vieux firent leur rentrée dans Canteperdrix, sur le charreton, les gens disaient devant les portes, avec une nuance d'envie :

— « Voilà madame Ambroisine et M. Victrice qui s'en reviennent en voiture de toucher leurs rentes de Brame-Faim ! »

L'APPRENTISSAGE DE SEXTIUS

Un philosophe, ce Sextius Tastavin !
De tout ce que nos professeurs nous enseignaient au collège il n'avait retenu que quelques maximes de la morale stoïcienne sur le mépris des richesses et l'inutilité de la gloire. Sans ambition, sans vanité, il laissait les autres user les plus beaux jours de leur jeunesse à traduire péniblement un latin futile, et à courir après des couronnes de papier doré. Lui, trouvait d'intimes satisfactions à exercer l'état de

cancre. On le voyait quelquefois assister aux classes : assez souvent en hiver, à cause du poêle; mais plus rarement dans la belle saison. Dans la belle saison les déjeuners pendent aux arbres, les sources parlent de sommeil, toutes sortes de bêtes vous font compagnie ; et Sextius, content de peu, s'arrangeait ainsi au milieu des champs, au milieu des bois une existence agréablement frugivore et contemplative.

A la fin, Tastavin le père se fâcha; et prenant à part Sextius...

Mais si l'on veut bien apprécier ce qui va suivre, il faut savoir que, de notre temps, les cordonniers constituaient, surtout aux yeux des collégiens, une corporation assez généralement méprisée.

Leur apparente pauvreté, leur vie accroupie au fond d'une échoppe, entre le baquet où flotte la poix et la boule d'eau où tremblote le pâle reflet d'un lumignon, l'affectation qu'un certain nombre semblaient mettre à être bancals ou bossus, avaient fait d'eux des ennemis.

Notre âge sans pitié les poursuivait de mille farces. Et, lorsqu'une fois par an, ils traversaient la ville, pompeusement, bannière en tête et la canne enrubannée à la main, pour se rendre à leur chapelle patronale, aucune puissance au monde ne nous aurait empêchés de leur faire cortège par les rues en répétant selon le rite consacré : « Le vingt-cinq d'octobre — beau jour de saint Crépin — les cordonniers se frisent — de crottin de cabri... » Cantilène de sens obscur, mais d'intention évidemment injurieuse !

Aussi Tastavin le père croyait-il tenir, comme on dit au

théâtre, un effet sûr, lorsque, après certaine école buissonnière poussée si loin qu'elle en était devenue forestière, s'adressant à son fils d'une voix qu'il s'efforçait de rendre calme :

— « Écoute, Sextius, de deux choses l'une : ou bien tu retourneras au collège, avec la promesse formelle d'étudier comme font les autres, ou bien je te mets en apprentissage chez maître Trabuc, le cordonnier. Tu as jusqu'à demain pour réfléchir. »

La nuit porte conseil. Sextius réfléchit. Et le résultat de ses réflexions fut que, tout bien considéré, il ne demandait pas mieux que de se vouer à la cordonnerie.

Tastavin le père, qui ne comptait pas sur une pareille réponse, s'entêta, et résolut, pour voir, de pousser l'épreuve jusqu'au bout.

On conduisit donc Sextius chez maître Trabuc, et, comme la boutique se trouve à côté du collège, nous pûmes, avant d'entrer en classe, admirer notre compagnon installé devant l'établi, et déjà revêtu du *hausse-col*, c'est-à-dire d'un tablier en peau, tout encroûté de poix, tout tailladé de coups de tranchet, le plus vieux, le plus noir, et le plus désagréablement puant que maître Trabuc eût pu trouver.

Nous essayâmes de railler Sextius. Il resta insensible à nos sarcasmes.

Maître Trabuc, pour son début, lui avait donné un talon à découdre. Besogne ingrate et dure, faite pour décourager une vocation moins solidement enracinée.

7

Sextius s'ensanglantait les doigts, se retournait les ongles, mais paraissait content de son sort.

— « Alors, Sextius, ce métier te va ? »

— « Il me va, mon père !... »

Cet animal de Sextius préférait les talons de bottes à Virgile.

Au bout de quelques jours, nous nous demandâmes si, par hasard, Sextius n'aurait pas raison?

C'est lui maintenant qui raillait quand nous nous arrêtions pour le voir, avec nos cartables et nos livres.

Il avait maintenant l'air d'un cordonnier véritable. Assis au soleil, près de la porte, il piquait gravement son cuir, comme un homme libre, tout en regardant les gens passer. Il était déjà au courant, — ce qui excita notre admiration, — d'un certain nombre de plaisanteries professionnelles; il savait des chansons de compagnonnage que maître Trabuc lui apprenait; il parlait de faire son tour de France; et, parfois, car l'âme chez lui était restée bonne, il daignait, tout en martelant une semelle sur le galet plat qui sert aux cordonniers d'enclume, il daignait nous initier aux agréments et aux délices de son nouvel état.

Ces leçons portèrent leurs fruits.

— « Je ne sais pas, disait le principal, quel vent a passé sur le collège, mais nos élèves ne travaillent plus !... »

Nous ne travaillions plus en effet, parce que l'exemple de Sextius nous avait décidément tourné la tête, parce que nous portions envie à son bonheur, parce que nous voulions tous nous faire cordonniers comme Sextius.

Le principal dut intervenir et prier Tastavin, le père, de ne pas prolonger plus longtemps sa dangereuse plaisanterie.

Dépouillé du hausse-col, insigne de son éphémère dignité, l'infortuné Sextius, malgré ses protestations et ses larmes, réintégra le collège.

Il y resta cancre, un peu plus cancre qu'auparavant, ce qui, d'ailleurs, ne l'a nullement empêché de faire brillamment son chemin dans le monde.

Seulement, parfois les gens s'étonnent d'entendre ce spirituel millionnaire dire à l'occasion, avec une exquise bonhomie :

— « Du temps que j'étais cordonnier ! »

PÊCHE A L'OURSIN

Derrière les toits de Paris festonnant le fond clair du ciel ainsi qu'une noire guipure, toute ronde, la lune montait. Deux Méridionaux échangeaient leurs impressions, accoudés comme moi, pour jouir du spectacle, sur le garde-fou du pont des Arts.

— « Devine, Marius, à quoi je pense ?

— « Tu peux me le dire, Louiset !

— « Je pense que c'est la pleine lune et que, là-bas, dans la Calanque, les châtaignes de mer doivent être pleines... »

Ce mot de châtaignes de mer éveilla en moi je ne sais

quelles gastronomiques nostalgies, et me voilà parfaitement incapable, devant ce papier blanc qu'il faut que je noircisse, de vous raconter autre chose que ma première pêche à l'oursin.

Depuis mon arrivée dans la cité d'Antibes, le Capitaine m'en promettait l'agrément; et huit jours de suite je m'étais levé avant le soleil, dans l'espérance d'un temps favorable. Mais chaque fois, au moment d'embarquer, une malicieuse petite brise frisant la surface de l'eau nous avait obligés de renvoyer la partie. Car, pour la pêche que nous voulions faire, il faut une mer absolument calme.

Ce matin-là, tout était à souhait : pas un souffle, pas une ride !

Me trouvant en avance au rendez-vous, près de la porte de la Marine, je m'amusais à suivre le travail des pêcheurs occupés en plein air, autour d'une chaudière fumante, à teindre dans une décoction de tan des filets et des voiles qu'ils mettaient ensuite sécher sur leur pré, le pré des Prud'hommes, étroite bande de gazon entre les remparts et le port, quand le capitaine apparut.

Un vrai loup de mer, le capitaine, bien qu'ayant gagné son grade et sa croix dans l'infanterie. Mais en rien de temps, à Antibes, — c'est un phénomène observé ! — les braves officiers terriens venus là manger leur pension de retraite se transforment en enragés marins.

Le capitaine avait deux rames sur l'épaule, une « dourguette » en poterie vernissée de vert à la main. Il déposa le tout à terre, et nous causâmes des plaisirs que nous réservait la journée.

Une bordée de jurons nous interrompit. C'était, debout dans un canot, derrière les dalles du quai, avec sa face couleur de cuir, sous une chevelure en broussailles, devinez qui ? ce vieux requin de Mourédu, fin pêcheur et bon matelot, mais l'homme le plus déplorablement embouché de toute la confrérie de Saint-Pierre.

— « Ah ça, viendras-tu, méchant mousse ! voilà deux heures que j'attends l'eau. »

Il ajouta en manière d'a parté :

— « Le tonnerre me cure, on ne fera jamais rien de cet animal ! »

Je cherchais le mousse. Rougissant légèrement, le capitaine me dit :

— « Ne faites pas attention, le mousse c'est moi. »

Un mousse de cinquante ans passés, chevalier de la Légion d'honneur ? On ne voit de ces choses-là que dans notre belle Provence !

Cependant le capitaine avait repris sa dourguette par l'anse ; il alla la remplir sous la fontaine, et l'apporta à Mourédu.

Mourédu, ayant bu un coup, se calma, et le capitaine revint me donner des explications.

Ils étaient à Antibes six capitaines dans la même situation que lui. Voici comment : pris de la folie de la mer, et passant les trois quarts de leur vie sur l'eau, ces retraités, pour échapper à la tyrannie d'un règlement qui n'est pas doux à l'endroit des marins amateurs, et se soustraire une fois pour toutes aux vexations et aux amendes du terrible commissaire de port, avaient résolu de prendre le brevet de patrons pêcheurs. Mais avant d'être patron, il faut, d'après les ordonnances de Colbert toujours en vigueur sur nos côtes, avoir fait son stage de mousse. Et ils faisaient leur stage de mousse, sérieusement, ces pauvres vieux ! Et les pêcheurs chez qui ils s'étaient engagés les traitaient en mousses, ni plus ni moins que Mourédu.

— « Pour ma part, disait le capitaine, je n'ai pas encore trop à me plaindre. Mourédu braille, mais il est bonhomme. Mon camarade Escragnol a eu moins de chance. Il s'est mis avec des corailleurs, corporation jalouse et fermée qui s'entoure de mystère, travaillant en cachette et ne révélant qu'aux initiés les parages où se trouve le corail. Escragnol les sert à terre et fait la soupe. Seulement, quand on navigue et qu'on traîne le filet, ils le forcent à rester couché au fond du bateau des journées entières, de peur qu'il ne s'oriente et n'apprenne les bons endroits... »

A ce moment, Mourédu se remit à hurler :

— « La fiole d'huile, les paniers, les rames !

— « Voilà, patron, voilà ! » dit respectueusement le capitaine.

Et s'adressant à moi :

— « Mourédu se fâche : embarquons ! »

J'étais un peu étonné de ne pas voir de filet dans la barque.

— « Avec quoi pêche-t-on les oursins ?

— « Patience ! nous trouverons à la bastide de la Garoupe plus d'engins qu'il ne nous en faut. »

En effet, comme nous longions la Garoupe, le capitaine, maintenant tout à ses devoirs de mousse, le capitaine prit terre, et coupa, dans une haie en roseaux échevelée et frémissante, plusieurs « cannes » de belle longueur.

Puis, s'étant rembarqué, il dépouilla les cannes de leurs feuilles, il les fendit en quatre par un bout; il introduisit dans ce bout, pour tenir les quatre sections écartées, un caillou rond ramassé exprès sur la plage; il tailla, ficela, cira, et se trouva avoir fabriqué de la sorte des ustensiles assez pareils à ces cueilloirs terminés en volant, en entonnoir à jour, ou, si l'on veut, en moitié de quenouille, dont les horticulteurs se servent pour faire la récolte des fruits.

Pendant cette importante opération, l'honorable Mourédu, grognant toujours, ramant toujours, et exhalant aux rayons du soleil matinal un parfum étrangement combiné d'ail, de goudron et de vieille pipe, avait fini par nous conduire à la calanque désirée.

Sur un fond de rochers et d'algues, à travers l'eau d'un vert transparent, on voyait se promener les oursins, roulant de côté, cheminant à l'aide de leurs épines mobiles, comme de gros marrons hérissés dans leur coque et qui vivraient.

Il n'y a plus qu'à les cueillir avec le cueilloir. C'est bien simple.

On plonge le roseau dans l'eau, on vise l'animal, on fonce, on ramène... Eh! mais! pas déjà si simple que cela! Mourédu et le capitaine ont la main à cet exercice et manquent rarement leur coup. Moi, je le manque à chaque fois. C'est le diable que de diriger sous l'eau, à plus d'une brasse, un roseau que la réfraction vous fait paraître cassé en deux. Je m'aveugle, couché sur le ventre, à scruter ces claires profondeurs, mobiles, scintillantes, pénétrées de soleil, où roulent des émeraudes fondues. Victoire ! Fourrageant à tort et à travers, mon roseau remonte avec un oursin au bout, un oursin bleu ! Au lieu d'être couleur acajou, le mien, à la pointe de chacun de ses piquants, lesquels naturellement ne piquent pas, porte une perle du plus délicat turquoise. Très joli, l'oursin bleu, mais abominable au goût.

Mourédu, pour le coup, me retire mes fonctions de pêcheur ; pour m'utiliser, il me confie la fiole à l'huile.

La brise s'est levée, la mer commence à rire, et l'on voit trouble au fond de l'eau. Avec une barbe de plume, j'asperge quelques gouttes d'huile autour du bateau. L'huile s'étale, les petites vagues s'effacent, et, grâce à ce procédé renouvelé des Grecs, la mer, au milieu de ses flots remués, redevient, sur un espace de plusieurs pieds, unie comme une glace légèrement irisée.

Des oursins, et puis des oursins ! Les douzaines succèdent aux douzaines. Enfin, Mourédu dépose sa lance, allume sa pipe et déclare qu'en voilà de reste et qu'il est temps de déjeuner.

On débarque, on s'installe à l'ombre sous une roche grise et lavée que parsèment des aiguilles de pin.

Je décoiffe un oursin comme je ferais d'un œuf à la coque, mais non sans me piquer les doigts. Une étoile de chair rouge-orange au milieu d'un hachis d'algues triturées ! Mourédu et le capitaine gobent le tout, étoile et algues. Gastronome novice encore, je lave mes oursins à même dans l'eau de mer. L'étoile reste seule, fraîche, appétissante, n'attendant plus que la mouillette de pain bis. Arrosé du clairet de cassis ou du vin amer de la Gaude, c'est un manger délicieux.

Là-bas, au loin, par delà la baie, Nice arrondit sa ligne blanche entre la mer d'azur et les Alpes violettes dentelées de neige. Paresseuse, la mer soupire. Les pins répondent à la mer... Alors j'envie le capitaine : je voudrais comme lui être mousse, oui, bon vieux mousse à barbe grise, même avec Mouṛédu pour patron !

L'ENFANT PRODIGUE

Sur les murs blancs de l'auberge, quatre gravures d'Épinal — les mêmes qui jadis ornaient ma chambrette — cruellement naïves, sauvagement enluminées, représentant en quatre scènes la parabole, émouvante comme un beau drame, que l'Évangile selon saint Luc nous a conservée... Et, tout ému, je me suis rappelé le temps où, pareil à l'*Enfant prodigue*, j'eus comme lui cette désirable malechance d'en être réduit à garder les pourceaux dans les bois.

Treize ans ! Bien que déjà précoce, j'étais innocent néanmoins, quand l'aventure m'arriva, des méchantes et folles actions tant reprochées à l'unique dissipateur dont Israël ait conservé la mémoire.

Mon père n'avait pas eu la douleur de m'entendre lui réclamer ma part d'héritage. Je n'avais pas quitté la maison, suivi de chameaux chargés d'or. Cet or, je ne l'avais aucunement jeté aux quatre vents du jeu et de l'orgie !

A Canteperdrix, parmi ceux de mon âge, on ne jouait guère que des billes, des plumes, des noyaux d'abricots ou de pêches, et aussi, hélas ! des boutons : ce qui fit qu'un jour, après avoir beaucoup perdu, je dus rentrer chez nous ne possédant plus que mes boutonnières ainsi qu'un soldat dégradé, et tenant à deux mains le fond de mes culottes.

Cette année-là, mes parents, confiant leur progéniture aux bons soins d'un roulier qui descendait à vide faire un chargement de vins dans le Var, m'avaient envoyé passer les deux mois de vacances à La Fuste, grosse ferme alors possédée par un excellent homme avec lequel nous cousinions.

Les enfants ne voient pas très large. De la ferme il ne me reste guère comme souvenir que la vaste cuisine toute bourdonnante du vol des mouches où maîtres et valets prenaient ensemble leurs repas ; par devant, la route poudreuse et blanche, à perte de vue, entre des platanes; une fontaine envahie de mousse, crachant l'eau par tous ses canons; et des prés, au-dessous, qui s'étendaient jusqu'aux graviers de la Durance.

Quoique n'ayant ni fusil, ni chien, je suivais quelquefois le cousin à la chasse. D'autres jours on allait chercher du fourrage à Vinon, à Saint-Paul, pays d'arrosage, et tandis que, sur la charrette non dételée, les fourches entassaient le foin sec à pleines ridelles, nous pêchions des écrevisses dans l'écluse du moulin. Il y eut aussi les vendanges. Même un soir le vieux Brancaï, qui était le berger, m'emmena avec son troupeau dans la Montagnette, et mes yeux, sur les minuit, s'étant fatigués à suivre trop obstinément la vivante scintillation des étoiles, il me prêta, pour y dormir, son grand manteau de cadis roux.

J'étais heureux, absolument! Aussi éprouvai-je une sensation d'indéfinissable tristesse quand le cousin, me prenant à part :

— « Ton père m'a écrit. Les vacances finissent dans huit jours, et la chose se trouve à merveille, Nicolas (c'était le nom du roulier) devant repasser par ici, dimanche prochain, avec son équipage. »

Qu'avait-il besoin de repasser ce Nicolas? N'était-il pas bien en basse Provence?... Et me berçant des espérances les plus chimériques, je me figurais Nicolas arrêté par les brigands à la périlleuse traversée du bois de Négrel, ou bien assassiné par un de ces aubergistes légendaires, qui ont pour métier de verser, aidés de leurs filles, du plomb fondu dans la bouche des pauvres rouliers endormis.

Hélas ! les brigands ne l'arrêtèrent point, aucun aubergiste ne l'assassina.

Seulement, le jour de son arrivée, j'étais malade, si malade que le cousin touché décida de me garder une semaine encore, car Nicolas, toujours en route entre Canteperdrix et le bord de la mer, mettait en moyenne une semaine à faire son va-et-vient.

Six jours durant je me portai admirablement ; mais le septième, ma maladie reprenait de plus belle. Et cette fois encore Nicolas ne me ramena point. Et tout un mois, malgré les lettres irritées de mon père, à chaque voyage de Nicolas, je renouvelais le manège.

Un soir, à table, le cousin, que l'ingéniosité de ma fainéantise amusait sans doute, me dit très sérieusement :

— « Écoute, petit, depuis longtemps les classes sont commencées, ton père se fâche, il s'agit de prendre un parti et de s'entendre ; veux-tu retourner à Canteperdrix, oui ou non ?

— « J'aimerais autant ne pas y retourner encore.

— « Parfait ! mais ici tout le monde travaille ; à quoi es-tu bon pour gagner ta vie ?

— « Pour gagner ma vie... Je ne sais pas, je chercherai.

— « Tiston le porcher a sa mère malade et nous quitte. Saurais-tu, par exemple, mener les porcs à la glandée, en remplacement de Tiston ? »

Un silence se fit, on me regardait. Porcher ? Pourquoi pas ! Ayant deux ou trois fois suivi Tiston dans ses promenades, j'avais en effet quelques notions sur l'art du porcher, et, rassemblant tout mon courage, sans orgueil comme sans fausse modestie, je déclarai sentir en moi les aptitudes nécessaires pour remplacer dignement Tiston.

Le lendemain — ô souvenir! — le cousin de plus en plus grave me confiait solennellement tout l'attirail laissé par Tiston; son bâton à gros bout, sa gourde, son carnier plat en cuir luisant qu'un bouton de cuivre fermait, sa trompe faite d'une coquille percée à la pointe... Dès lors commença pour moi une existence délicieuse.

Tous les matins, levé avec l'aube, dans les cocoricos de la basse-cour réveillée, j'allais tirer le verrou du toit à porcs, puis je partais, fier comme Artaban, en tête du troupeau confié à ma garde. Une fois arrivés au bois, mes porcs vivaces et joyeux se dispersaient sous les grands chênes, et, tandis qu'ils broyaient le gland, maître de moi-même jusqu'au soir, je m'étendais à l'ombre près d'une source, en un recoin secret, découvert par Tiston, que des entrelacements de vignes sauvages rendaient impénétrable comme une forêt vierge.

Les beaux rêves que j'ai rêvés là!

Un soir, à force de rêver, j'oubliai mes devoirs avec l'heure de la rentrée à la ferme...

Un bruit de grelots au lointain, la diligence de Marseille qui passe là-bas, de l'autre côté de la rivière, la lune déjà haute et claire dans le ciel, m'apprennent qu'il est plus de huit heures... Je trompe : *Tou rou tou!...* je trompe éperdument. A ce signal, les porcs accourent; et, pour rattraper le temps perdu, à coups de poing, à coups de bâton, je les pousse dans le raccourci, étroit et glissant raidillon pratiqué au flanc d'une pente abrupte.

Des chèvres y eussent passé; les porcs, hélas! n'y passèrent point. Le premier trébuche et roule, les autres le suivent. Voilà mon troupeau éclopé.

Quels hurlements et quel spectacle! Et vous devinez quel retour, à la tête de mes pensionnaires tout en sang, plus ou moins blessés, la plupart boitant sur trois pattes.

Cette fois je me décidai à partir.

Les dix porcs dont Tiston, précipitamment rappelé, avait repris la garde, et qui rôdaient mélancoliques autour de la ferme, des éclisses de bois blanc aux cuisses et de larges emplâtres sur le dos, me rendaient la lumière du jour insupportable. J'avais honte en les voyant. Et pour éviter la rencontre, je me réfugiais dans les endroits les plus solitaires. Mais leur image m'y suivait: cauchemar horrible!

Je partis donc avec Nicolas et partis volontiers.

Mon père, à mon retour, ne fit pas tuer le veau gras; il ne passa pas d'anneau d'or à mon doigt, il ne me revêtit pas d'une tunique de fin lin, il ne me chaussa pas de sandales.

Au contraire : par un raffinement d'ironie et de cruauté, il plaça dans ma chambrette d'écolier les quatre images d'Épinal qui viennent de me rappeler ces choses.

Ce fut toutefois une leçon perdue. Car — tous les collégiens qui voient avec tristesse arriver la fin des vacances me comprendront — confondant mon aventure avec celle de l'Enfant prodigue, je le plaignais malgré veau gras, anneau d'or, sandales et tunique, je le plaignais sincèrement d'être revenu au bercail où sans doute des professeurs l'attendaient.

Mais, par contre, plus d'une fois, entre deux thèmes, il m'arriva de me perdre en délicieuses songeries pleines de regrets rétrospectifs, devant l'image qui le représentait libre comme moi au milieu de la nature, et gardant ses porcs dans les bois.

LE BON VOLEUR DE GIROPEY

Je lisais l'autre soir, dans un journal, le récit du crime naguère commis à Giropey, entre Sisteron et Manosque, par des assassins italiens. En Provence, les gens qui font des mauvais coups viennent généralement d'Italie.

Le nom de Giropey réveilla mes souvenirs.

Soudain, je revis la petite *Ferme du Chêne-Vert*, je revis la vieille et vaste auberge où les assassins ont logé, et, me rappelant ce site charmant, à mi-côte d'une longue montée qui serpente une heure durant sous les arbres et les vignes sauvages, me rappelant la petite fontaine, le grand abreuvoir où les gamins menaient les chevaux boire, et la belle vue qui, du perron, s'étend sur l'immense lit de la Durance couvert de cailloux blancs et de noires oseraies, je n'ai pu m'empêcher de maudire ces étrangers maladroits et brutaux, qui sont venus attrister de leur légende atroce des lieux où les brigands de chez nous n'avaient laissé que d'aimables souvenirs.

Car, j'ai beau faire : lorsque, fermant les yeux, je me représente le paysage de Giropey, il m'est impossible d'y encadrer ces hideux Piémontais massacreurs. Amoureux d'harmonie, même en ces questions délicates, je voudrais là Gaspard de Besse, par exemple, le chevaleresque larron que toutes les dames d'Aix pleurèrent, et c'est avec un sentiment de fierté bizarre, mais non inexplicable, que, moi, Provençal, je me complais au souvenir d'un bon vieux voleur, plaisant et doux, voleur bien du pays et du terroir, que j'eus la joie de connaître en ce même lieu de Giropey, il y a de cela quelques années.

J'étais alors écolier, et je descendais à pied de Sisteron pour m'en aller passer mes vacances à la tuilerie du pont de Manosque. Parti d'assez tard, et flânant en route, j'arrivai à Giropey lorsque le soleil se couchait. Je résolus de fixer là mon gîte d'étape. La beauté de l'endroit m'invitait au repos ; 30 kilomètres avaient lassé mes jambes ; un poétique spectacle, fait pour séduire une âme jeune comme était la mienne, acheva de me décider.

Sur le banc de pierre de l'auberge, un grand vieillard était assis au milieu d'un groupe d'enfants; il leur racontait je ne sais quoi, et à tout moment l'auditoire éclatait de rire; puis, quand les rires étaient finis, le vieillard recommençait à parler de sa belle voix dont les paroles m'échappaient, mais qui m'arrivait sonore et douce.

M'approchant, je vis qu'il était aveugle, aveugle comme Homère devait l'être, de cette cécité des vieillards qui laisse aux yeux toute leur limpide beauté. Les rayons roses du couchant jouaient dans ses longs cheveux plus blancs que neige, et, la tête pleine de souvenirs classiques, je crus un instant contempler le vieux Nestor.

Ce n'était pas Nestor, c'était *Charavany!* Oui, Charavany, le fameux Charavany, de Lurs, celui qui s'évada dix-sept fois du bagne, ainsi qu'on l'apprend dans ses Mémoires, et de qui les bons tours joués aux gendarmes et aux geôliers feront longtemps la joie des veillées.

Charavany n'avait jamais tué. Un jour qu'on l'accusait d'assassinat, il déclara solennellement, en pleine cour d'assises, que devant une aussi indélicate accusation, il croyait de son honneur, à lui Charavany, bien connu partout, de ne pas même se défendre.

Le jury l'acquitta sans délibérer.

Quant aux vols, c'était autre affaire; Charavany tenait à eux comme à sa plus pure gloire, et plutôt que d'en nier un seul, il s'en serait, je crois inventé d'imaginaires.

Écoutez celui-ci, dont il était particulièrement fier et que je tiens de sa bouche vénérable!

Charavany, une fois, venait encore de s'évader. Pas d'argent, le ciel bleu pour toit, l'eau des vallons pour boire, mais rien à mettre sous la dent!

Désespéré, mourant de faim, le malheureux voleur songeait vaguement à rentrer au bagne.

Un roulier passa sur la route avec son équipage complet, la *carriole* et le *brancan*, chargés tous deux, ô tentation! d'immenses fromages de gruyère.

— « Quels fromages, monsieur, il aurait pu s'en servir pour roues! » disait le bon vieux Charavany, dont les narines et les lèvres frémissaient à ce souvenir.

Le roulier, brave homme, voyant Charavany fatigué, le fit monter sur sa carriole. *Dia!... hi!...* on cause, on se lie, le charretier tombe de sommeil.

— « Si vous voulez, propose Charavany, du temps que vous dormirez un peu, je me tiendrai au cordeau et je surveillerai les bêtes. »

Marché fait! Le roulier s'endort, et Charavany, tout en guidant, soulève la bâche en sparterie, éventre une caisse, desserre une corde et envoie le plus beau fromage rouler sans bruit dans le fossé.

Quelques cents pas plus loin, il éveilla honnêtement le roulier:

— « *Adiousias*, l'ami, je prends par la traverse. »

Revenu sur ses pas et maître du fromage, Charavany commence par tailler en son milieu de quoi faire un repas mémorable; en son milieu, entendez-vous, à la place exacte du moyeu si le fromage eût été roue, mais sans toucher à la circonférence. Puis le voilà parti, roulant devant lui, tranquillement, dans la poussière des grandes routes, ce disque d'aspect fantastique, dont le trou central s'agrandissait à chaque repas.

— « De Peyroles, monsieur, disait Charavany, le fromage m'a mené ainsi jusqu'à Lyon. A la fin, par exemple, il ne tenait pas debout, ce n'était plus qu'un cercle de croûte, et de ma grande roue de charrette la ferrure seule restait. Mais m'a-t-il gêné, ce sacré fromage! lorsque je rencontrais les gendarmes, et que, sans papiers, sans ressources, il me fallait chaque fois leur prouver par de bonnes raisons que voyager en roulant sur la grand'route un gruyère percé à jour était la chose la plus naturelle du monde! »

Tous les vols de Charavany furent, comme celui-ci, pittoresques et joyeux. La justice s'en fâchait parfois, quoique plus souvent indulgente; en somme, il faut bien l'avouer pourtant, notre héros passa aux galères de Toulon la plus grande partie de sa vie.

Charavany était bien vieux quand on l'en sortit, vieux et aveugle. Comment faire? Il n'y a pas d'invalides pour les voleurs : on envoya donc Charavany à l'hospice de Forcalquier.

A l'hospice, Charavany qui s'ennuyait, Charavany, quoique n'y voyant plus, s'amusa à voler les pauvres. Les pauvres pétitionnèrent en masse, et Charavany fut renvoyé.

Aux hospices de Sisteron et de Digne, mêmes histoires! si bien que, repoussé de partout, le bon vieux Charavany finit par retomber sur les bras du gouvernement.

Alors, chose invraisemblable, et que cependant chacun

vous affirmera dans le pays, alors, le préfet se décida à demander pour lui un petit secours annuel sur je ne sais quels fonds déparmentaux.

Le secours fut voté par le Conseil général.

Charavany, chargé de gloire et d'ans, vint mourir aux lieux qui l'avaient vu naître, paisible, accueilli de tous, commettant encore de temps à autre quelques menus vols dont on riait, aimé des anciens qui se trouvaient fiers d'un tel contemporain, ainsi que des enfants à qui il contait ses aventures le soir, sur le banc de l'auberge, aux rayons du soleil couchant. Et si parfois un voyageur demandait en le voyant : « Quel est ce vieillard vénérable? » les habitants lui répondaient d'un air d'affectueuse considération :

— « C'est Charavany, un vieux voleur qui est venu à Giropey manger sa retraite! »

LA BOUILLABAISSE

Eh oui, répondit Cantecourlu, le seul homme du quartier des Aufes qui n'ait jamais menti, eh oui, moyennant des rascasses et des rougets, des castagnores et des girelles, un homard, une sole vive, quelques clovisses, si l'on veut — j'allais oublier, coquin de sort! le *peï-saint-Pierre*, sur le dos duquel les doigts de l'apôtre ont laissé l'empreinte de deux pièces d'or — bref, moyennant un mélange harmonieusement combiné de poisson de fond et de poisson de roche, il n'est pas défendu d'établir une bouillabaisse parfaite, tout comme Roubion du Roucas blanc, Pascal de la place de la

Douane, et même Charles Cabanellas, qui mit la recette en beaux vers. Pourtant, la meilleure bouillabaisse dont je me souvienne, ou, pour te parler à cœur ouvert, la seule vraiment bonne que j'aie jamais mangée, c'est encore la bouillabaisse sans poissons.

— « Sans poissons? Tu badines, Cantecourlu.

— « Prends seulement le train et va jusqu'à Antibes, on t'y dira si je badine. Mais voyons : deux heures n'ont pas sonné, il n'y a personne en Bourse ; nous sommes bien ici sous cette tente aux couleurs vives, à boire des cafés glacés en regardant passer les faux Turcs de la Cannebière, tandis que le cours Saint-Louis avec ses fontaines et ses bouquetières, nous envoie une bonne odeur de fleurs de cassis dans un nuage de poussière d'eau... Et si ça ne t'ennuie pas trop, je puis t'en raconter l'histoire. »

Là-dessus le brave Cantecourlu, sans attendre l'opinion de son interlocuteur, commanda une troisième demi-tasse, fit une courte scène au garçon, et commença à peu près en ces termes :

« J'habitais alors Antibes, une galante petite ville, aimée du soleil, bien posée au bord d'un joli golfe, et que le Père Éternel, des savants l'affirment! s'est réservée pour y prendre un jour sa retraite, plus tard, quand il se sentira vieux.

Mais le plus beau d'Antibes, ce n'est pas encore son port clair comme le bassin d'une source, ni sa place d'Armes si fraîche l'été dans l'ombre basse des platanes, ni ses deux tours sarrazines rousses comme une croûte de pâté, ni ses jardins où les arbres d'Afrique poussent, ni son Tour-de-Ville, promenade charmante que l'on peut faire en vingt minutes tout autour de remparts formant terrasse. Les plus beau d'Antibes, c'est son cap, la Garoupe, cap incomparable où vous trouvez de quoi ? de tout : des myrtes verts jusqu'au rivage, des pins parasols pour la sieste, et des rochers découpés, et des criques, et des calanques tellement riches en poissons que, à certains jours, de voir ce grouillement d'écailles, on jurerait que le fond de la mer est pavé d'argent.

C'était en janvier : une magnifique fin d'hiver !

Les Alpes, si rapprochées dans l'air vibrant et bleu, que le matin, en me penchant à la fenêtre, il me semblait pouvoir les toucher de la main, les Alpes avaient encore un galon de neige à leur crête ; et les talus des fortifications antiboises étaient blancs aussi, mais à cause des marguerites, si nombreuses et si serrées qu'on les eût prises pour du givre, et qu'elles cachaient le gazon.

Ce beau temps donna l'idée d'une partie de mer. Un beau jour nous décidâmes d'aller manger, entre amis, bien tranquillement, la bouillabaisse à la Garoupe.

On arme l'*Alpin*, joli petit canot où rien ne manque pour la pêche. Bon vent, bonne brise : nous voilà partis. Le ciel est pur, la mer transparente à ce point que, près de la bouée des Favouilles, sous cinq brasses d'eau, je voyais distinctement bâiller les moules, et les oursins se promener.

Si nous avions voulu pêcher l'oursin, rien qu'avec un roseau fendu nous en aurions pris des cent douzaines. Mais il s'agissait bien d'oursins! Notre cœur était à la bouillabaisse!

Arrivés au bon endroit, assez loin du rivage, le capitaine jette l'ancre et fait dérouler les *palangrotes*. On amorce; tout ce qu'il y a de fin comme appât : du mourédu, des vers de sable... Nous pêchons une heure, deux heures, le corps tendu, le regard fixe, les doigts sciés par la ficelle; crois-moi si tu veux : rien ne mord, pas un coup de dent! Les poissons s'étaient donné le mot.

— « La palangrote ne réussit pas, et nous ferions peut-être mieux de débarquer au cap; les poissons à ce moment du jour doivent chercher le frais sous les roches. »

Le soleil déjà haut chauffait. La mer nous aveuglait, luisante, comme un tas de lames de sabre remuées.

On débarque au Cap, on s'installe, chacun sa canne à la main. Les lignes n'ont pas plus de chance que les palangrotes. Des poissons en veux-tu en voilà. Ils passaient repassaient sous l'eau, les uns bleus, les autres dorés, les autres se retournant au soleil et montrant un ventre de nacre. Quelquefois même par malice ils allaient jusqu'à taquiner la ligne d'un petit coup de queue. Seulement aucun ne mordait, c'était une affaire entendue.

Les esprits s'aigrissaient; les moins patients accusaient le capitaine :

— « Si au moins il avait acheté, avant de partir, quelques poissons à la poissonnerie? C'est toujours prudent quand on a projet de manger la bouillabaisse. »

En attendant, la bouillabaisse s'obstinait à ne pas venir.

De désespoir, je jetai ma ligne pour aller fureter dans les rochers. Si tu pouvais attraper un poulpe, pensais-je, ou simplement un crabe velu? on s'en contenterait faute de mieux... Je vis bien un crabe marchant de côté, tout au fond, comme un chien quand il va à vêpres. Mais il me surveillait, lui aussi, et disparut avec prestesse dès que je fis mine de l'approcher. Devant un petit trou, quelques coquillages vidés, des débris blancs de carapace m'indiquèrent qu'un poulpe habitait là. Mais j'eus beau, dans l'espoir d'attirer mon poulpe au dehors, faire danser devant son trou, au bout d'un bâton, les plus tentantes nourritures, le poulpe, ermite prudent, ne bougea pas. Et je me sentais devenir enragé en songeant que, par un temps pareil, avec des poissons plein la mer, la bouillabaisse serait manquée.

Les autres, en effet, n'avaient pas été plus heureux que moi.

Midi sonnant, il fallut prendre un parti.

— « Mes enfants, dit le capitaine, *ne se désolons pas*, gardons bon courage. Nous avons du pain, nous avons du vin, un pintadon froid, des olives... A la pêche comme à la pêche : pour une fois, que voulez-vous, on se passera de bouillabaisse.

— « Se passer de bouillabaisse, c'est pénible, surtout quand on déjeune en regardant les flots.

— « Tournez-leur le dos pour ne pas les voir.

— « La belle avance si je les entends! »

Les choses allaient mal tourner, car le capitaine est irascible, surtout à l'heure du déjeuner.

Heureusement, une odeur de cuisine aussi exquise qu'imprévue vint couper court à la discussion.

Là-haut, dans les pins, le vieux Brancaï, corailleur en retraite et mousse de notre canot, avait, pendant que nous pêchions, allumé un feu clair d'aiguilles tombées et de brindilles. Un vaste poêlon chantait sur le feu, envoyant des bouffées pressées. Et Brancaï, de minute en minute, grave comme un officiant, ajoutait un peu d'huile vierge, de l'ail, du laurier, du safran... En homme pratique d'ailleurs, il avait déjà coupé le pain en larges tranches, lesquelles, artistement disposées, attendaient le moment de s'imbiber de jus couleur d'or, dans le classique plat de liège, vaisselle incassable et insubmersible qui servait déjà aux ancêtres phocéens quand la bouillabaisse fut inventée.

— « Qu'est-ce que tu nous fiches là, Brancaï ? » cria le capitaine.

Brancaï, bon Provençal de l'espèce silencieuse et qui ne desserrait les dents entre ses repas que pour y insérer son tuyau de pipe, montra le poêlon, montra le plat avec un geste qui signifiait : vous le voyez bien, capitaine, je vous fiche une bouaillabaisse.

— « Mais, animal, puisque nous n'avons pas de poisson. »

Brancaï haussa les épaules, témoignant ainsi la profonde pitié que lui inspiraient ces faux marins qui avaient besoin de poisson pour confectionner une bouillabaisse ; puis, ayant trempé dans la sauce, avant de le porter à sa bouche, son doigt goudronné noir et sec comme une phalange de momie, il esquissa une grimace de satisfaction et se dirigea vers la mer.

— « Il allait pêcher?

— « Non! c'est bien plus drôle... Brancaï, qui n'est pas une bête, Brancaï choisit tout simplement deux galets, de ces galets du bord que le flot lave, tout encroûtés de fleurs de sel, de mousse gluante et d'écume. Il me les donna à flairer. Une odeur, mon bon, un fumet!... De quoi aromatiser aux parfums marins la grande marmite des Invalides. Je compris : dans cette anse où nous n'avions rien pris, il y a tant de poissons que les pierres elles-mêmes en gardent le goût, et c'est avec ces deux pierres-là, succulentes et savoureuses, que le corailleur allait vous faire la bouillabaisse.

— « Fut-elle bonne au moins?

— « A revenir un mort, et souple, et grasse, et colorée. L'eau m'en vient aux dents rien que d'y penser. Nous nous battions pour avoir les tranches.

— « Et les deux galets?

— « Brancaï les servit à part, sur le plat à poisson, selon l'usage. Seulement, personne n'y toucha. Chacun sait que les tranches accaparent tout le bon suc, et il faut être Parisien, quand on mange la bouillabaisse, pour ne pas jeter le poisson. »

La dernière phrase était évidemment à mon adresse. Mais je ne songeais pas à railler. J'admirais plutôt. Quoique rien ne m'étonne plus venant des Marseillais, mes frères, oui, j'admirais sincèrement, non sans une patriotique émotion, le génie de cette noble race, et l'ingéniosité avec laquelle Cantecourlu, inconscient mystificateur, venait de renouveler à mon usage et de rendre presque vraisemblable l'antique histoire de la soupe aux cailloux.

LES HARICOTS
DE
PITALUGUE

I

Pertuis semait ses haricots !
Des hauteurs du Luberon aux graviers de la Durance, ce n'étaient par tout le terroir que gens sans blouse ni veste, en *taillole*, qui suaient et rustiquaient ; et dans la ville, les bourgeois, assis au frais sous les platanes, à l'endroit où le Cours domine la plaine, disaient en regardant ces points rouges et blancs remuer :

— « Si les pluies arrivent à temps, et que la semence se trouve bonne, la France, cette année, ne manquera pas de haricots. »

Car Pertuis a cette prétention, quasi justifiée d'ailleurs, de fournir de haricots la France entière. Pertuis aurait pu, grâce à son sol et à son climat, cultiver la garance comme Avignon ou le charbon à foulon comme Saint-Remy; Pertuis aurait pu dorer ses champs de froment comme Arles, ou les ensanglanter de tomates comme Antibes; mais Pertuis a préféré le haricot, légume modeste, qui ne manque pourtant ni de grâce ni de coquetterie quand ses fines vrilles grimpantes et son feuillage découpé tremblent à la brise.

De tous ces semeurs semant comme des enragés, le plus enragé, sans contredit, était le brave Pitalugue. La guêtre aux mollets, reins sanglés, il s'escrimait de la pioche, tête baissée. Lorsque dans le terrain passé et repassé il ne resta plus caillou ni racine, alors, du revers de l'outil, doucement, il l'aménagea en pente douce pour que l'eau du réservoir pût y courir. Le terrain aménagé, il prit un long cordeau muni à ses deux bouts de chevillettes, planta les chevillettes en terre, tendit la corde et traça, parallèles au front du champ, une, deux, trois, cinq, dix rigoles aussi régulièrement espacées que les lignes d'une portée musicale sur les *parties* de l'orphéon de Pertuis. Puis, tout ainsi réglé, Pitalugue reprit une par une ses rigoles et, l'air attentif, un genou en terre, il sema.

— « Semons du vent, murmurait-il; c'est, quoiqu'en dise Monsieur le curé, le seul moyen qui me reste aujourd'hui de ne pas récolter la tempête. »

Et Pitalugue, en effet, semait du vent. C'est pour prendre du vent, disons mieux : c'est pour ne rien prendre du tout que, de trois secondes en trois secondes, il envoyait la main à sa gibecière ; ce n'est rien du tout qu'il y saisissait, ce n'est rien du tout que son pouce et son index rapprochés déposaient avec soin dans le sillon ; et la paume de sa main gauche, rabattant à chaque fois la terre friable et blutée, ne recouvrait que des haricots imaginaires.

Cependant, à cent mètres au-dessus du champ, dans le petit bosquet qui ombrage la côte, un homme que Pitalugue ne voyait point, suivait de l'œil, avec intérêt, les mouvements compliqués de Pitalugue.

— « Eh ! eh ! se disait-il, Pitalugue travaille. »

Perché ainsi dans la verdure, avec son nez crochu, ses lunettes d'or et son habit gris moucheté, un chasseur l'aurait pris de loin pour un hibou de la grosse espèce.

Mais ce n'était pas un hibou, c'était mieux : c'était M. Cougourdan, le redouté M. Cougourdan, arpenteur juré, marchand de biens, que la rumeur publique accusait de se divertir parfois à l'usure.

La justice de paix vaquant ce jour-là, et réduit à ne poursuivre personne, M. Cougourdan avait imaginé d'apporter ses registres à la campagne. M. Cougourdan aimait la nature ; un beau paysage l'inspirait, le chant des oiseaux, loin de le distraire, ne faisait qu'activer ses calculs, et c'est ainsi, le front rafraîchi par l'ombre mouvante des arbres, qu'il inventait ses plus subtiles procédures.

Le spectacle doucement rustique de Pitalugue travaillant mit M. Cougourdan en verve :

9.

— « Une idée ! si je tirais au clair les comptes de ce Pitalugue ! »

Et M. Cougourdan constata qu'ayant, l'année d'auparavant, prêté cent francs à Pitalugue, Pitalugue se trouvait à l'heure présente, lui devoir juste cent écus.

— « Bah ! les haricots me paieront cela ; je ferai saisir à la récolte. »

Là-dessus, M. Cougourdan sortit du bois, et se mit à descendre vers le champ de Pitalugue, ne pouvant résister au désir de voir les haricots de plus près.

Au même moment, comme l'ombre aigüe du *Puy lapinier* tombant juste sur un trou de roche qu'on nomme le cadran des pauvres, marquait trois heures, Pitalugue leva la tête et vit venir la Zoun, sa femme, qui lui apportait à goûter. Il rajusta sa culotte et sa taillole, alla se laver les mains à la fontaine, heurta violemment, pour en détacher la terre collée, ses fortes semelles à clous contre la pierre du bassin, puis s'assit à l'ombre d'une courge élevée en treille devant sa cabane, prêt à manger, le couteau ouvert, le fiasque et le panier entre les jambes.

— « Té ! Zoun, regarde un peu si on ne dirait pas M. Cougourdan. »

— « Bonjour, la Zoun, bonjour Pitalugue ! » nasilla gracieusement l'usurier ; et tout en jetant sur le champ un regard discret et circulaire, il ajouta :

— « Pour des haricots bien semés, voilà des haricots bien semés. Pourvu qu'il ne gèle pas dessus.

— « Ne craignez rien, la semence est bonne, » répondit philosophiquement Pitalugue.

Et, tranquille comme Baptiste, il acheva son pain, ferma son couteau, but le coup de grâce et se remit au travail, tandis que la Zoun et M. Cougourdan s'éloignaient.

— « Hardi, les haricots ! murmurait-il en continuant sa besogne illusoire, encore un ! un encore ! des cents ! ! des mille ! ! ! les voisins aujourd'hui ne diront pas que Pitalugue ne fait rien et qu'il a passé le temps à fainéanter sous sa courge. »

Il peina ainsi jusqu'au soleil couché.

— « Hé ! Pitalugue, holà ! Pitalugue, » lui criaient du chemin les paysans qui, bissac au dos, pioche sur le cou, rentraient par groupes à la ville.

— « Tu sèmeras le restant demain. »

— « La mère des jours n'est pas morte ! »

Enfin Pitalugue se décida à quitter son champ. Avant de partir, il regarda :

— « Beau travail ! murmurait-il d'un air à la fois narquois et satisfait, beau travail ! mais, comme dit Jean de la lune qui riait en tondant ses œufs, cette fois le rire vaut plus que la laine ! »

II

Peut-être voudriez-vous savoir ce qu'était Pitalugue, et pourquoi il avait adopté en fait de haricots un aussi étrange procédé de culture.

Pitalugue était philosophe, vrai philosophe de campagne, prenant le temps comme il vient et le soleil comme il se lève, arrangeant tant bien que mal, à force d'esprit, une existence chaque jour désorganisée par ses vices, et dépensant à vivre d'expédients au village plus d'efforts et d'ingéniosité que tant d'autres à faire fortune à la grande ville.

Songe-fête comme pas un : pour une partie de bastidon, Pitalugue laisse en l'air fenaison et vendange. Pitalugue pêche, Pitalugue chasse. Pitalugue a un chien qu'il appelle Brutus ; un furet gîte en son grenier ; et dans l'écurie, au-dessus de la crèche parfois vide, l'œil stupéfait du bourriquot peut contempler les évolutions et les saluts d'une grosse chouette en cage.

Le pire de tout, c'est que Pitalugue est joueur; mais là, joueur comme les cartes, joueur à jouer enfant et femme, joueur, disent les gens, à tailler une partie de vendôme, sous six pieds d'eau, en plein hiver, quand la Durance charrie.

C'est pour cela que Pitalugue, jadis à son aise, se trouve maintenant gêné. La récolte est mangée d'avance, les terres entamées par l'usure ; et quelles scènes quand il rentre un peu gris et la poche vide dans sa maisonnette du Portail-des-Chiens ! Quels remords aussi, car, au fond, Pitalugue a bon cœur. Mais ni scène ni remords ne peuvent rien contre les cartes. Pitalugue jure chaque soir qu'il ne jouera plus, et chaque matin il rejoue.

Ainsi, aujourd'hui, il s'était levé, ce brave Pitalugue, avec les meilleures intentions du monde. Au petit jour et les coqs chantant encore, il était devant sa porte en train de charger sur l'âne un sac de haricots. Et quels haricots! de vrais haricots de semence, émaillés, lourds comme des balles, ronds et blancs comme des œufs de pigeon.

— « Emploie-les bien et ménage-les, disait la Zoun en donnant un coup de main, tu sais que ce sont nos derniers.

— « Cette fois, Zoun, le diable me brûle si tu n'es pas contente!... A ce soir!... *Arri!* bourriquot. »

Et Pitalugue était parti, vertueux, derrière son âne.

Par malheur, aux portes de la ville, il rencontre le perruquier Fra qui s'en revenait les yeux rouges, ayant passé sa nuit à battre les cartes dans une ferme.

— « Tu rentres bien tard, Fra?

— « Tu sors bien matin, Pitalugue!

— « Le fait est qu'il ne passe pas un chat.

— « Ce serait peut-être l'occasion *d'en tailler une.*

— « Pas pour un million, Fra.

— « Voyons : rien qu'une petite, Pitalugue.

— « Et mes haricots?

— « Tes haricots attendront. »

L'infortuné Pitalugue résista d'abord, puis se laissa tenter. Fra sortit les cartes. On en tailla une, on en tailla deux, et les haricots attendirent.

Bref! l'alouette montait des blés, et les premiers rayons coloraient en rose la muraille de pierre sèche sur laquelle les deux joueurs jouaient, assis à califourchon, lorsque Pitalugue retournant ses poches, s'aperçut qu'il avait tout perdu.

— « Cinq francs sur parole! dit Fra.

— « Cinq francs, ça va. » répondit Pitalugue.

Les cartes tournèrent et Pitalugue perdit.

— « Quitte ou double ? »

— « Quitte ou double ! »

Pitalugue perdit encore.

— « Maintenant, le tout contre ta semence. »

Pitalugue accepta. Il était fou, ses mains tremblaient.

— « Non ! grommelait-il en donnant, je ne perdrai pas cette fois, les cartes ne seraient pas justes. »

Il perdit pourtant ; et l'heureux Fra, chargeant le sac d'un tour de main, lui dit :

— « La prochaine fois, Pitalugue, nous jouerons l'âne. »

Que faire ? Rentrer, tout avouer à la Zoun ? Pitalugue n'osa pas, la mesure était comble. Acheter d'autre semence ? Le moyen, sans un rouge liard !

En emprunter à un ami ? Mais c'eût été rendre l'aventure publique. Assuré du moins de la discrétion du barbier (les joueurs ne se vendent pas entre eux) notre homme, après cinq minutes de profond désespoir, prit, comme on l'a vu, son parti en brave :

— « Je ne peux pas semer des haricots puisque je n'en ai plus, se dit-il en riant dans sa barbiche, mais je peux faire semblant d'en semer. La Zoun n'y verra que du feu, le hasard est grand, et d'ici à la récolte bien des choses se seront passées. »

Bien des choses en effet se passèrent qui mirent Pertuis en émoi.

D'abord, Pitalugue changea du tout au tout. Talonné par le remords et craignant toujours d'être découvert, il renonça au jeu, déserta l'auberge. Lui, que ses meilleurs amis accusaient de trouver la terre trop basse, on le vit, dans son petit champ, piocher, gratter, rustiquer à mort.

Jamais haricots mieux soignés que ces haricots qui n'existaient pas!

Tous les soirs, au coucher du soleil, il les arrosait, mesurant sa part à chaque rigole et vidant à fond le réservoir qui, tous les matins, se retrouvait rempli d'eau claire. Le jour, autre chantier : si parfois, sous un soleil trop vif, la terre séchait et faisait croûte, Pitalugue la binait légèrement pour permettre au grain de lever. Souvent aussi, la main armée d'un gant de cuir, il allait à travers les raies, arrachant le chardon cuisant, le seneçon envahisseur et le chiendent tenace.

Ses voisins l'admiraient, sa femme n'y comprenait rien, et M. Cougourdan radieux rêvait toutes les nuits de haricots saisis et parlait de s'acheter des lunettes neuves.

Or, au bout d'une quinzaine, de çà, de là, tous les haricots de Pertuis se mirent à lever le nez : une pousse blanche d'abord, recourbée en crosse d'évêque, deux feuilles coiffées de la graine et portant encore un fragment de terre soulevée; puis la graine sèche tomba, les deux feuilles découpées en cœur se déplièrent, et bientôt, du Lubéron à la Durance, toute la plaine verdoya.

Seul, le champ de Pitalugue ne bougeait point.

— « Pitalugue, que font tes haricots? »

Et Pitalugue répondait :

— « Ils travaillent sous terre. »

Cependant les haricots de Pertuis s'étant mis à filer, il fallut des soutiens pour leurs tiges fragiles. De tous côtés, dans les *cannières* plantées en tête de chaque champ, les paysans, serpette en main, coupaient des roseaux. Pitalugue coupa des roseaux comme tout le monde. Il en nettoya les nœuds, il les appareilla, puis les disposa en faisceau, quatre par quatre et le sommet noué d'un brin de jonc, de façon à ménager aux haricots, qui bientôt grimperaient dessus, ce qu'il faut d'air et de lumière.

Au bout de la seconde quinzaine, les haricots de Pertuis avaient grimpé, et la plaine, du Lubéron à la Durance, se trouva couverte d'une infinité de petits pavillons verts.

Seuls, les haricots de Pitalugue ne grimpèrent point. Le champ demeura rouge et sec, attristé encore qu'il était par ses alignements de roseaux jaunes.

La Zoun dit :

— « Il me semble, Pitalugue, que nos haricots sont en retard. »

— « C'est l'espèce, » répondit Pitalugue.

Mais, lorsque du Lubéron à la Durance, sur tous les haricots de la plaine, pointèrent des milliers de fleurettes blanches; lorsque ces fleurs se furent changées en autant de cosses appétissantes et cassantes, et qu'on vit que seuls les haricots de Pitalugue ne fleurissaient ni ne grainaient, alors les gens s'en émurent dans la ville.

Les malins, sans bien savoir pourquoi, mais soupçonnant quelque bon tour, commencèrent à gausser et à rire.

Les badauds, en pèlerinage, allèrent contempler le champ maudit.

M. Cougourdan fut inquiet.

Et la Zoun s'installa sous la courge, accablant la terre et le soleil de protestations indignées.

III

Un soir, *Tante Dide*, mère de la Zoun, belle-mère de Pitalugue par conséquent, et matrone des plus compétentes, se rendit sur les lieux malgré son grand âge, observa, réfléchit et déclara au retour qu'il y avait de la magie noire là-déssous, et que les haricots étaient ensorcelés. Pitalugue abonda dans son sens; et toute la famille jusqu'au 15ᵉ degré de parenté ayant été convoquée à la maisonnette du Portail-des-Chiens, il fut décidé que, vu la gravité des circonstances, le lendemain *on ferait bouillir*.

Tante Dide, qui justement se trouvait être veuve, s'en alla donc rôder chez le *terraillier* de la Grand'Place, dans le dessin de voler une marmite qui n'eût pas servi, car, pour faire bouillir dans les règles, il faut avant tout une marmite vierge, volée par une veuve. Le terraillier connaissait l'usage; et, sûr d'être dédommagé à la première occasion, il détourna les yeux pour ne point voir tante Dide lorsqu'elle glissa la marmite sous sa pelisse.

La marmite ainsi obtenue fut solennellement mise sur le feu en présence de tous les Pitalugue mâles et femelles.

Puis tante Dide l'ayant emplie d'eau, versa dans cette eau, non sans marmotter quelques paroles magiques, tous les vieux clous, toutes les vieilles lames rouillées, toutes les aiguilles sans trous et toutes les épingles sans tête du quartier. Et, quand la soupe de ferraille commença à bouillir, quand les lames, les clous, les aiguilles et les épingles entrèrent en danse, on fut persuadé qu'à chaque tour, chaque pointe, malgré la distance, s'enfonçait dans la chair du jeteur de sorts.

— « Ça marche, murmurait tante Dide, encore une brassée de bois, et tout à l'heure le gueusard va venir nous demander grâce.

— « Il sera bien reçu ! » répondait la bande.

Cependant l'astucieux Pitalugue, que tout ceci amusait fort, n'avait pu s'empêcher d'aller en souffler un mot à ses amis de la haute ville ; et ce fut, dans tout Pertuis, une grande joie quand le bruit se répandit qu'au Portail-des-Chiens, pour désensorceler les haricots, la tribu des Pitalugue faisait bouillir.

Or, les Pitalugue faisant bouillir, la tradition voulait qu'on envoyât quelqu'un se faire assommer par les Pitalugue.

Ce quelqu'un fut M. Cougourdan ! Niez après cela la Providence.

Conduit par son destin, M. Cougourdan eut l'idée fâcheuse de s'arrêter devant la boutique du perruquier Fra. Il venait précisément de rencontrer Pitalugue plus gai qu'à l'ordinaire et tout épanoui de l'aventure.

— « As-tu vu ce Pitalugue, quel air content il a ?

— « Mettez-vous à sa place, monsieur Cougourdan, avec ce qui lui arrive ?

— « Il a donc gagné ?

— « Mieux que ça, M. Cougourdan.

— « Hérité peut-être ?

— « Mieux encore : il a, en recarellant sa cuve, trouvé mille écus de six livres dans un bas.

— « Mille écus, sartibois ! et mon billet, qui justement tombe ce matin.

— « Pitalugue descend chez lui, Monsieur Cougourdan, rattrapez-le avant qu'il n'ait tout joué ou tout bu; et, si vous voulez suivre un bon conseil, courez vite. »

Au Portail-des-Chiens, la marmite bouillait toujours et l'impatience était à son comble, lorsque Cadet, qu'on avait posté en sentinelle, vint tout courant annoncer qu'un vieux monsieur à lunettes d'or, porteur d'un papier qui paraissait être un papier timbré, tournait le coin de la rue.

— « Monsieur Cougourdan ! s'écria la Zoun, il se trouvait là précisément quand nous semâmes les haricots.

— « C'est lui le sorcier, je m'en doutais, reprit tante Dide. Allons, les enfants, tous en place, et pas un coup de bâton de perdu ! »

Silencieusement, les quinze Pitalugue mâles se rangèrent le long des murs, armés chacun d'une forte trique.

Quelle émotion dans la chambre ! On n'entendait que les glouglous pressés de l'eau, le cliquetis de la ferraille, et bientôt le bruit des souliers de M. Cougourdan, sonnant sur l'escalier de bois.

Ce fut une mémorable dégelée; les farceurs de Pertuis eurent pour longtemps de quoi rire.

M. Cougourdan, homme discret, ne se plaignit pas.

Quant à Pitalugue, ayant retrouvé le soir, dans un coin de la chambre, son billet de cent écus perdu par monsieur

Cougourdan dans la bagarre, il en fit une allumette pour sa pipe et dit à la Zoun d'un ton pénétré :

— « Vois-tu, Zoun, les anciens n'avaient pas tort ! Bonne semence n'est jamais perdue, et la terre rend toujours au centuple les bonnes manières qu'on lui fait. »

Nobles et philosophes paroles qui seront, s'il plaît au lecteur, la morale de cette histoire !

LE DÉMON DE LA NATURE MORTE

Au temps où les tramways n'existaient pas, ce n'étaient, dans tout le quartier Montparnasse, de Vaugirard à l'Observatoire, que murs couronnés d'herbes folles, avec quelque maisonnette de loin en loin laissant apercevoir un bout de jardin entre les liserons de sa barrière à claire-voie.

Rue Notre-Dame-des-Champs, vers le milieu, il reste une de ces maisonnettes. Est-ce au n° 13 ou 15?... Mais, pour peu que votre cœur soit parisien, vous l'aurez sûrement remarquée. Arrêtez-vous devant, un matin, tirez le loquet, poussez la porte, poussez sans crainte, il n'y a ni concierge ni chien : un couloir de plain-pied, un perron moussu, puis, en contre-bas, un vieux verger, vrai verger de Brie ou d'Ile-de-France, le vieux mur, le vieux puits, et des poiriers non taillés, revêtus de ces lichens d'argent qui sont la barbe blanche des vieux arbres.

Les merles y font colonie, venus en bande après qu'une hache sacrilège eut dévasté les ombrages du Luxembourg; et tous les ans, sur les toits voisins, autour des hautes cheminées, les plus vieux moineaux apprennent aux jeunes le chemin de l'endroit et ses délices.

Depuis cent ans et plus, jamais personne n'arracha une pelotte de mousse ni un brin de mouron aux allées. Au contraire, chaque locataire nouveau a considéré comme un devoir de planter d'abord quelque chose : sureau, lilas ou syringa, sans compter les graines d'aventure qui, voyageant par l'air sur l'aile du vent ou dans le gésier d'un oiseau, arrivent un jour, on ne sait d'où, fleurir les coins abandonnés des villes. Les derniers venus, faute de mieux, ont même dû se contenter de cultiver le mur, changeant ses trous en pots, ses moindres rugosités en plates-bandes, apportant aujourd'hui une grosse plante grasse achetée sur les quais, demain s'en retournant des champs avec un mouchoir plein d'herbes et de fleurs pariétaires.

Dans le fond du clos, au bout d'un sentier aussi étroit, aussi capricieusement tortillé, aussi embarrassé de branches basses que s'il menait à la demeure de quelque Belle-au-bois-dormant, on voit une ferme et un hangar, le tout en pisé, couvert de chaume et remontant au règne de Louis XIII.

Mon ami Senez habite la ferme. Sous le hangar transformé en atelier, ferme et hangar coûtent bien 200 francs par an, il accomplit sans envie ni regret sa mission sur la terre, laquelle mission, à ce qu'il a découvert, est de faire de la nature morte.

Car mon ami Senez est peintre de nature morte, et ne veut être que cela. La nature morte suffit à son ambition, à sa joie. Dans l'immense domaine de l'art, il s'est réservé ce petit coin, intime et fleuri comme son jardin. Aussi de quel cœur il le cultive! C'est plaisir de le voir, à son chevalet, s'escrimer du pinceau, quelquefois du pouce, écraser ses couleurs, les poser gaiement par touches fraîches, et, tout en causant, tout en fumant, jeter sur la toile ces simples compositions chères aux âmes naïves : un pot de grès, des huîtres ouvertes, l'air cossu et satisfait d'une blague pleine près d'une pipe, l'affaissement désespéré d'une bourse vide à côté d'un billet protesté, l'éclat dur des cuivres contrastant avec le luisant profond des faïences, et le carmin velouté d'un panier de pêches avec le vert tendre des queues d'un bouquet qui trempe dans une eau transparente. Senez, on le voit, peint aussi des fruits et des fleurs; mais des fruits cueillis et des fleurs coupées. Il s'arrête là! Peintre de nature morte, Senez a pour unique idéal d'exprimer, par le dessin et les couleurs, l'âme mystérieuse des choses. C'est une joie de créateur qu'il éprouve à faire parler ces muets, à traduire pour tous leur langage. L'objet peint par lui s'anime et s'égaie :

— « Ce pot ébréché ne vous disait rien ? Regardez, il vit maintenant ; le pot est content d'avoir été compris, et voilà le secret de la nature morte. »

Demeuré candide et doux malgré sa barbe qui grisonne, mon ami Senez est heureux. Il a, de l'enfant, l'œil toujours étonné, le naïf et subit sourire.

Quelquefois pourtant, au passage d'un souvenir, mon ami Senez ne rit plus, et, sous ses épais sourcils subitement contractés, son œil gris-clair se voile de larmes.

Il se cache un drame, drame sanglant, qui le croirait ? dans l'existence de mon brave ami Senez.

En voici l'histoire :

Un matin — la chose ne date pas d'hier — flânant du côté de Vaugirard, qui alors était un village, mon ami Senez s'arrêta pour regarder vendre à l'encan, en pleine rue, le mobilier d'un pauvre homme. Une commode, une table, trois chaises ; cela faisait peine à voir, jeté ainsi sur le pavé. Il y avait encore un chandelier, une glace fêlée, et, détail navrant, une pie vivante dans une cage d'osier.

— « On saisit donc les bêtes ?

— « On les saisit. »

Et Senez se réjouit intérieurement en songeant que, pour agile qu'il fût, un huissier, en pareille occasion, aurait quelque peine à lui saisir ses merles.

Quand tout fut vendu :

— « A cinq sous l'oiseau et sa maison ! » dit le commissaire-priseur en soulevant la cage.

La cage s'effondrait, la pie perdait ses plumes.

— « A cinq sous une pie superbe dans une cage en bon état ! »

L'assistance éclata de rire.

— « Il n'y a pas amateur à cinq sous ?... Mettons quatre sous, la cage et la pie... Quatre sous !... quatre sous !... Trois sous !... Un sou !... »

Des gamins causaient à côté de M. Senez :

— « Le commissaire a dit comme ça, murmurait l'un, que, si on ne le vendait pas, il me donnerait l'oiseau.

— « Nous le plumerons ! » répondait l'autre.

Le bon M. Senez eut pitié. Déjà l'officier ministériel se fatiguait, déjà les odieux gamins tendaient leurs griffes :

— « Deux sous !

— « Deux sous ! Nous avons acquéreur à deux sous ! Deux sous ! deux sous !... Une fois ?... Deux fois ?... Adjugé ! »

Et, sans s'inquiéter des risées, le bon Senez emporta sa pie, abandonna la cage aux gamins qui, sans perdre de temps, allèrent, par manière de consolation, l'attacher à la queue du chien de la fruitière.

Dans le clos béni de la rue Notre-Dame-des-Champs, la pie eut oublié bien vite les longs jours passés sous scellés. Ses ailes reprirent leur beau luisant et son œil attristé se remit à pétiller de malice. Acceptée des merles, elle gambadait dans le jardin, n'osant voler encore faute de queue : car la queue est aussi indispensable aux pies que le balancier aux acrobates. Puis, un beau jour, sa queue ayant poussé, Margot s'enleva de terre et prit l'essor. M. Senez la crut partie. Non ! Perchée sur le mur, les pattes dans la mousse élastique et fraîche, avant d'aller plus loin, elle regarda. D'un côté, le clos, l'oasis avec l'aimable société des merles; de l'autre, le coteau natal, mais loin, si loin, visible à peine par delà un Sahara de toitures et de cheminées, région infertile, peuplée d'huissiers, de gardiens des scellés, de commissaires-priseurs, et qu'il serait difficile de traverser sans mésaventures.

La délibération fut longue. Puis, après avoir parcouru en dansant la crête moussue, exploré le toit du hangar et mis curieusement le bec et l'œil dans la cheminée, Margot sauta, ailes étendues, sur la poutre transversale du puits, et de là sur l'épaule de son maître. Ayant, dans son cerveau d'oiseau, mûrement pesé et comparé les choses, Margot venait de se donner pour toujours. Mystérieux phénomène psychique, bien fait pour provoquer les méditations du philosophe, et que M. Senez, attendri, constata par ces simples mots :

— « Allons! la pie est apprivoisée. »

La pie escamota quelques bagues dans le quartier et devint bientôt populaire. Affectueux naturellement et fier de posséder un oiseau admiré de chacun, le bon M. Senez, d'abord, ne se sentait plus de joie.

Pourtant au bout d'un mois, chose étrange! cette joie parut se nuancer de mélancolie. M. Senez n'était plus le même; on eût dit qu'il devenait sombre à mesure que la pie embellissait.

— « Qu'a donc Senez? » se demandaient ses amis.

Senez répondait :

— « Le Salon approche, je cherche mon tableau, et le choix du sujet me tracasse. »

Quand il eut cherché son tableau quelque temps, comme sa tristesse ne diminuait point, ses amis se dirent:

— « Ce n'est pas ça, Senez a des chagrins secrets... »

On essaya de le distraire : fins déjeuners, parties de canots, promenades à la campagne. Rien n'y fit, Senez restait triste.

Peignait-il, au moins ? L'art est encore la consolation suprême.

Hélas ! s'étant un jour introduits dans l'atelier, ses amis virent toutes les toiles retournées, et sur le chevalet poudreux, auprès de la palette sèche, un melon ébauché depuis six mois.

Senez, interrogé, avoua que, en effet, depuis six mois, il ne faisait rien, et que l'art ne lui disait plus.

On tint conseil à la brasserie.

— « C'est une crise, une simple crise, affirma le docteur. Tous les artistes en traversent de pareilles. Que Senez peigne, et il est sauvé. »

Alors chacun s'ingénia, les braves cœurs ! à trouver dans ses armoires, sur son bahut, quelque objet provoquant à la nature morte, et si tentant pour le pinceau que M. Senez ne pût résister au désir de le peindre.

Ce fut, rue Notre-Dame-des-Champs, une procession :

— « Voyez donc, Senez, ce verre de Venise que j'ai eu pour rien chez un Auvergnat. Croyez-vous que cela ferait bien pour une toile de dix, avec des marguerites et un rayon de soleil dedans ? »

Et on laissait le verre et les marguerites sous le rayon, en belle lumière.

D'autres fois c'étaient des faïences : un Rouen, un Nevers aux vives couleurs, un Moustiers aux ornementations délicates ; ou bien de vieux livres usés aux angles, grignottés par la dent des rats, mais pittoresques d'autant plus dans l'or terni de leurs reliures.

On essaya de groupements bizarres cachant des symbolismes mystérieux : un nid de mésanges, six petits œufs bleus piqués d'orange, dans un crâne ; une bassinoire historiée à côté d'une musette Louis XV au bâton d'ivoire, au sac de satin rose frangé d'argent.

Puis ce fut le tour des fruits : raisins, fraises, pommes et poires, écroulements de pêches en velours, avalanches de prunes couleur de cire et d'ambre ou poudrées de poussière bleue :

— « Pose-moi ça dans un panier rustique ; ajoute une abeille, une guêpe volant dessus, et tu m'en diras des nouvelles. »

Un peintre antibois fit venir d'Antibes toute une cargaison d'oranges, de cédrats, de pastèques et de grenades.

— « Superbe ! dans ce plat hispano-arabe aux reflets métalliques, près de cet alcarazas rouge, jaune et noir acheté en Kabylie, sur ce tapis oriental aux gammes étouffées et chaudes. »

De quel cœur, six mois auparavant, Senez eût entrepris ce poème, fripé le tapis, disposé le plat, fait reluire sur l'alcarazas les diamants de l'eau suintante, rendu le grenu baroque des cédrats, la glace tremblante et rose des pastèques, surpris sous leur écrin de cuir gaufré les grenats transparents des grenades, et fait frissonner autour, par on ne

LE DÉMON DE LA NATURE MORTE

sait quelle mystérieuse évocation, toutes les poésies du Midi ensoleillé : murmures d'eaux courantes dans les cours dallées de marbres, chanson de pins et de cyprès et bruissement lointain des cigales.

Enthousiasmé, M. Senez prenait ses pinceaux, tendait une toile, râclait sa palette, exprimait dessus en petits vermicelles joyeusement tortillés les blancs d'argent, les jaunes d'or, les bitumes et les terres de ses tubes. Mais, à peine assis, le découragement le reprenait et, devant la toile lamentablement vierge, les vermicelles multicolores séchaient sur l'acajou de la palette.

Décidément, la chose était vraie : rien ne disait plus à M. Senez.

A bout d'expédients, les amis dépouillèrent marchés et halles. Des montagnes de poissons étincelèrent sous le jour fin de l'atelier. Les langoustes et les homards y promenèrent leurs pinces énormes, leurs antennes étranges et leurs armatures compliquées. Les gruyères y pleurèrent sous l'acier, les bries y coulèrent sur leur natte de paille. Les lièvres étalèrent leur pelage couleur de coteau, les poulardes leurs cuisses marbrées et leurs appétissants croupions en trèfle.

Hélas ! après de vaines heures d'attente, les modèles à la fin se gâtaient, et il fallait en faire à la brasserie des repas tristes comme des repas funèbres.

Cependant, en proie aux plus sombres pensées dans cet atelier, si gai jadis, maintenant à l'abandon, M. Senez se promenait; et la pie, espérant attirer un regard, provoquer un sourire, allait devant, allait derrière, et piquait du bec ses pantoufles.

Pauvre innocent oiseau! il était loin de deviner que c'était lui la seule cause des mélancolies de son maître. Qu'importent au digne artiste les merveilles de la nature et les triomphes de l'industrie? Que lui font les fruits et les fleurs, les étoffes et les céramiques? Ce qu'il veut peindre, c'est sa pie : il n'aime qu'elle, il ne voit qu'elle!

Le fait est que jamais pie plus jolie ne fit danser sur pattes plus fines, dans la poudre d'une grande route et sur le gravier d'une allée, un corps bleu-noir plus coquettement plastronné de blanc ni une queue plus longue et plus agréablement étagée.

Pourquoi alors ce cher M. Senez ne se débarrassait-il pas de l'obsession, en la peignant, une fois pour toutes, cette pie dont l'image le taquinait?

Ah! mes amis, que vous connaissez mal le démon de la nature morte! Sa pie, sa pie tant aimée, c'est morte seulement que lui, peintre de nature morte, pouvait la peindre. Oui, morte! la tête en bas, pendue par la patte, comme on peint les pies; avec quelque chose de neuf et de personnel qui rajeunirait ce thème antique. De là de subites tentations, des méditations vaguement criminelles... Mais n'anticipons pas sur les événements.

A mesure que l'hiver s'avançait, les méditations devenaient plus longues et les tentations plus fréquentes. On apprendra bientôt pourquoi. Un jour, à Clamart, M. Senez retrouva son inspiration pour croquer sournoisement un coin de mur merveilleusement écaillé. Quelques flocons étant tombés, il s'empressa de reproduire le bourrelet glacé d'argent et frangé de larmes en cristal que fait la neige au rebord des fenêtres. Puis il copia des nœuds de ficelle et fit une étude consciencieuse d'un clou rouillé planté dans du crépi.

M. Senez n'avait pas encore de projet bien arrêté ; mais assurément, sans qu'il s'en doutât, il s'habituait à l'idée du crime.

— « Avait-elle après tout, cette pie, de si grands sujets d'agrément sur terre, loin des siens, dans ce clos inculte, avec un mur croulant dominé de toits, pour horizon ? Qui sait ? La mort serait peut-être un bienfait pour elle. »

Et, spiritualiste convaincu, trop logique, puisqu'il croyait à son âme à lui, pour ne pas croire à l'âme des bêtes, il se demandait s'il n'existerait pas par delà le soleil, parmi la poussière d'or des voies lactées, une étoile, un paradis des pies, où, dans de plaines bordées de hauts peupliers et traversées de claires rivières roulant des cailloux polis, des grains de mica et des pépites, ces oiseaux, après leur mort, sans souci de la faim ni de la bise, pourraient, sur le sable éternellement frais, sur l'herbe éternellement verte, satisfaire leur double passion pour la danse et les objets brillants.

D'autres fois, moins poétique, il se demandait avec la logique coupante d'un procureur général si, ayant jadis dans le plein exercice de sa liberté, arraché l'oiseau à une mort cruelle, il n'avait pas le droit strict de le faire périr humainement.

Un jour, sur un cornet de tabac, il vit un arrêté préfectoral de Seine-et-Oise qui proscrivait la pie comme animal nuisible, grand destructeur de nids et grand mangeur d'œufs d'oiseaux.

Ce cornet de papier faillit le décider.

Mais aussitôt, sa bonté native se révoltant, M. Senez rougissait de ces sophismes et détestait le monstre qu'il sentait éclore en lui.

M. Senez avait changé ses habitudes. Lui, l'homme rangé qui se couchait à huit heures été comme hiver, déclarant que, si les poètes peuvent travailler la nuit, les peintres ont besoin de mettre à profit la douce lumière matinale, on le vit s'attarder chaque soir autour des chopes jusqu'à ce que le patron lui fermât dans le dos les grilles de la brasserie. On l'entendit, lui, le naïf artiste qui jusque-là peignait comme l'oiseau chante et comme coule la source, on l'entendit soutenir les thèses les plus saugrenues sur la vision comparée à l'impression, et les nouvelles formules esthétiques. L'esthétique altère, donc M. Senez buvait; et plus d'une fois, passé minuit, il lui arriva d'étonner les rares passants par des discours qu'il se débitait à lui-même, tout seul, en marchant dans les rues désertes.

Un soir — il avait neigé, et la vue de la neige exaspérait son idée fixe, — un soir, M. Senez quitta la brasserie avant l'heure. On voulait l'accompagner, il refusa.

Au moment de mettre la clef sur la porte :

— « Non! non! murmura M. Senez, pas encore! »

Et, remontant l'étroite et courte rue de Chevreuse, il s'en alla dans la boue glacée des chaussées, sans crainte des rôdeurs de nuit, jusqu'à la barrière d'Enfer, en suivant le mur extérieur du cimetière Montparnasse.

Il roulait des pensées poétiques et sinistres. Il s'arrêta un moment à regarder sous la lune, par un éclat de la vieille porte, le clos envahi de broussailles et de lierre, un clos, se dit-il, singulièrement pareil au mien, où l'on enterrait alors les guillotinés.

Enfin, il rentra, mouillé, moulu, mais surexcité, brûlant de fièvre.

Le jardin était paisible. Pomponnés de flocons de neige, pommiers et rosiers semblaient fleuris, et des rayons blancs, tamisés au hasard des branches, luisaient tout ronds sur les sentiers. Mais M. Senez ne vit rien de tout cela. Un meurtrier marchant à son crime ne s'arrête pas aux menues curiosités du paysage.

M. Senez alla droit à l'atelier, ouvrit d'une main tremblante, et se dirigea en tâtonnant vers le coin où se trouvait un buste que la pie avait adopté pour perchoir.

— « Margot! Margot! »

Il espérait que Margot viendrait à sa voix et que le forfait pourrait se perpétrer dans l'ombre.

Margot ne vint point.

M. Senez alluma la lampe et vit que Margot n'y était pas. Le vent, amoncelant la neige à l'endroit où la pente du toit s'appuie au mur, avait obstrué une petite ouverture ménagée pour que la pie se promenât de l'atelier au jardin, librement.

M. Senez respira :

— « La pauvre bête n'aura pas pu rentrer et sera morte de froid. C'est un crime que la Providence m'épargne. »

Mais il devait savourer son crime jusqu'au bout.

— « Margot! Margot! continuait-il à crier quoiqu'il la crût morte, et tout en regardant si son cadavre ne faisait pas tache sur la neige, Margot! Margot! pauvre Margot!!! »

Un bruit d'ailes le fit tressaillir. Pelotonnée à la fourche d'un pommier, une forme noire se souleva dans un nuage de flocons secoués, et Margot vint, confiante et gaie, s'abattre sur l'épaule de M. Senez...

Dès le lendemain, M. Senez se remettait à peindre. Plus de promenades, plus de brasserie. Un perpétuel filet de fumée s'allongeait par le tuyau de poêle au-dessus de l'atelier fermé à double tour; et, quinze jours durant, les amis qui, intrigués, essayèrent de s'introduire dans la place, se retiraient discrètement, avec des sourires entendus, en lisant, écrit à la craie, sur la porte, le sacramentel : « IL Y A MODÈLE. »

Alors le bruit courut dans Paris que, en effet, comme on l'avait dit, le talent de M. Senez venait de traverser une crise. De là ces longs mois de découragement et de paresse. Mais à présent tout était sauvé : M. Senez transformé, cherchant du nouveau, préparait pour le Salon une grande figure de femme.

Enfin, le Salon ouvrit ses portes et la vérité éclata. La pie était là, telle que M. Senez l'avait rêvée, pendue par un pied près d'une fenêtre. De la fenêtre on ne voyait qu'un reflet de feu dans un coin de vitre, un bout de mur en train de s'écailler, et le rebord en briques avec un peu de mousse humide et de neige. Le plumage sanglant de la pie, la ficelle, le clou étaient des merveilles; et tous ces riens combinés, — la nature morte a de tels miracles! — disaient irrésistiblement le douloureux poème des grands hivers, quand, un blanc linceul couvrant la campagne et dérobant jusqu'aux prunelles des haies, les malheureux oiseaux perdus de froid, chassés par la faim, se rapprochent des fermes aux châssis flambants pour trouver la mort sous le piège en *quatre-de-chiffres* de quelque rustre sans entrailles.

Ce fut un triomphe; triomphe, hélas! mélangé de bien d'amertume pour l'infortuné M. Senez.

Au Salon, voyant la foule attroupée autour de son cadre, il pleura; ses amis crurent qu'il pleurait de joie. Mais quelques jours plus tard, dans le petit jardin, comme je lui montrais un lot de feuilletons célébrant unanimement ses louanges à grand renfort de substantifs colorés et d'épithètes reluisantes, il me mena près du petit tertre herbeux où reposait Margot et me dit:

— « C'est bien beau, Monsieur, c'est trop beau. Mais pourquoi faut-il que toujours la gloire soit faite de larmes? »

Ajoutons que, au point de vue de l'histoire de l'Art, la cruelle résolution de M. Senez et le sacrifice de l'infortunée Margot ne furent pas sans avoir leur importance. C'est depuis cette mémorable nature morte qu'on rencontre aux expositions, dans les ventes, parfois même chez les marchands de bric-à-brac, tant de pies ainsi figurées: suspendues à un clou, le long d'une paroi quelconque, par une ficelle. Avant M. Senez, ce genre d'apothéose avec le clou et la ficelle avait toujours été, dans le monde des peintres, le privilège incontesté du hareng saur.

CHASSE AU FURET

ON n'avait jamais eu le fin mot de l'aventure arrivée à Baptistin et à Bélisaire.

Après une partie de chasse, Baptistin et Bélisaire s'étaient mis tous deux à boîter; mais évidemment leur double claudication n'avait aucun rapport avec la partie de chasse, car Baptistin, de son état courtier pour les graines et fruits, prétendit s'être donné un effort en voulant remuer une balle d'amandes, et Bélisaire, qui tenait un magasin d'horlogerie au coin de la grand'place, raconta qu'au moment de fermer sa boutique, il avait eu la maladresse de se laisser tomber un volet sur le cou-de-pied.

Pourtant, lorsqu'au bout d'une semaine l'effort de Baptistin eut dégénéré en violente sciatique, lorsque, par suite d'un épanouissement morbide inconnu jusque-là, une simple contusion au cou-de-pied fut devenue le magnifique rhumatisme qui cloua dans son lit Bélisaire endolori de tout son corps comme une pelote d'épingles, et si parfaitement immobilisé que les membres de la famille se relayaient pour le moucher, alors les femmes s'étonnèrent et les médecins commencèrent à douter.

— « Voyons, Baptistin, il faudrait parler.

— « Je suis sûr que vous aurez pris froid à votre chasse, Bélisaire ? »

Mais Bélisaire avec Baptistin s'en tinrent à leur version première, et les médecins ni personne ne purent tirer autre chose d'eux.

Un jour, car, si bien cachée qu'elle soit, il faut à la fin que la vérité se découvre, un jour, samedi de marché, une bonne femme venue du bas de la montagne pour vendre un panier d'œufs à la ville, s'arrêta sur la place devant Bélisaire qui, perclus encore plus qu'à moitié et marchant avec des béquilles, essayait, fort mélancolique, de reprendre un peu de force au soleil.

— « Ah ! mon beau monsieur, quelle surprise, et comme vous voilà gaillard !... Alors, votre ami Baptistin a dû s'en tirer aussi ?... Tout le monde chez nous vous croyait morts depuis le matin de la chasse... »

Bélisaire faisait semblant de ne pas entendre.

— « Vous rappelez-vous quand on vous ramassa dans la neige, blancs et candis tous les deux comme des bâtons de sucre d'orge, et qu'il fallut, pour vous dégourdir, vous enterrer jusqu'au cou dans le fumier chaud de l'étable ?

— « Ce fut la faute à Baptistin ! fit Bélisaire en soupirant. »

Mais Baptistin, adroitement interrogé, répondit :

— « Ce fut la faute à Bélisaire ! »

A force de parler, de s'accuser mutuellement, Bélisaire et Baptistin révélèrent ainsi peu à peu tous les détails de la fameuse chasse ; et je puis vous en faire part à mon tour, ce qui ne saurait vous déplaire, rien n'étant plus égoïstement agréable, l'hiver, près d'un bon feu, derrière les vitres bien closes, que de lire des descriptions de paysages sous la neige, et de se raconter entre amis des histoires de gens gelés...

Comme tous les méridionaux qui se respectent, Bélisaire et Baptistin aimaient passionnément la chasse, et surtout la chasse aux lapins. Non avec le fusil, avec le furet ! chasse poétique entre toutes, faite d'aimable flânerie, et que relève au besoin un léger parfum de braconnage. Pas de chien dont les abois réveillent l'écho, pas de canardière dont le canon long et luisant provoque de loin, même lorsque la poudre n'a pas parlé, la susceptibilité des gendarmes. Quelques « bourses » en gros filet aussi peu embarrassantes qu'un mouchoir, une boîte en fer-blanc percée de mille trous, qu'on glisse sans affectation dans une grande poche de derrière, taillée à la piémontaise entre le drap et la doublure de la veste, et c'est tout! Silence et mystère : *la bête* est là.

La bête! car jamais vrai chasseur n'appela le furet de son nom : ils disent tous la bête en parlant de lui, comme les Latins disaient la Ville en parlant de Rome. On peut maintenant partir sans se presser, la canne à la main, la pipe au bec; et, tout en ayant l'air de prendre le soleil entre deux roches attiédies, dans un vallon abrité, sentant bon la lavande sèche, on laisse le furet faire son travail et traquer les lapins sous terre, ne hasardant de loin en loin un geste prudent que pour remettre les bourses en place après avoir donné du revers de la main sur l'oreille à quelque malheureux lapin qui vient de s'embarrasser dans le filet et débouler hors de son trou, juste entre vos jambes.

La chasse est surtout bonne l'hiver. Le printemps, l'été, mis en humeur de vagabondage par la fraîcheur de l'herbe et la longueur des jours, grisés par la sève nouvelle, les lapins ne restent pas terrés volontiers. Ils ne rentrent guère qu'à la nuit, et souvent même ne rentrent pas du tout, préférant s'attarder en longues conférences sous bois, et attendre l'aurore au clair des étoiles. Mais l'hiver ils gardent le logis et prennent à peine le temps de sortir pour donner au plus près un coup de dents dans le gazon transi et rare. On est à peu près sûr de les trouver chez eux; aussi est-ce l'hiver qu'irrésistiblement, pour Bélisaire et Baptistin, la rage de la chasse au furet se réveille.

Or, cette année là, l'hiver se présentait à souhait : hiver sec et bleu chargeant les rivières de glaçons et fixant au flanc des rochers et aux talus des chemins creux les pleurs des sources en stalactites claires comme verre.

Un matin de belle gelée, blanche et craquante sous le pied, Baptistin vint trouver son ami :

— « A propos, comment va la bête ?

— « J'étais précisément en train de lui faire bouillir une soupe à la courge et au lait, parce que de la viande crue tous les jours, à la fin des fins, ça échauffe.

— « J'ai calculé, continua Baptistin, qu'il doit y avoir du lapin au vallon de la Madeleine.

— « C'est loin, la Madeleine... il faudra découcher, les femmes se fâcheront.

— « Motus ! dit Baptistin en sortant un papier de sa poche, je t'ai fait envoyer une citation devant le juge de paix d'Antonaves. C'est censément les Escavy qui t'attaquent pour un tourne-broche que tu leur as garanti et qui ne marche pas. Au retour tu diras que le procès est arrangé et la femme sera contente. L'huissier est un camarade ; il me compte au plus juste : seulement le prix du papier imbré. »

L'après-midi du lendemain, le soleil étant encore haut, nos deux amis se trouvaient au vallon de la Madeleine, rêvant lapins et disposant, à l'aide de menus piquets préparés d'avance et de brindilles coupées aux buissons voisins, les bourses sur la pente d'un rocher friable, criblé de trous comme une éponge.

Voilà des heures que Baptistin et Bélisaire attendent, et pas un lapin n'est sorti. Bélisaire et Baptistin ont pourtant constaté du « trafic » autour des terriers : le sol gratté, des crottes luisantes et fraîches.

La nuit arrive, le froid pique, et, complication désastreuse, la neige commence à tomber.

— « Il n'y a pas de lapin, dit Bélisaire ; s'il y avait du lapin, on verrait bien !

— « S'il n'y avait pas de lapin, la bête serait revenue !

— « Elle aura peut-être mordu un crapaud ; ça l'aura fait gonfler. Il faut attendre qu'elle dégonfle.

— « A moins qu'elle n'ait saigné un lapin par malice, et que, saoule de sang, endormie dans le trou bien chaud, elle ne se moque de nous qui sommes ici en l'attendant à souffler dans nos doigts et à battre la semelle...

— « Chut ! tais-toi, la voici ; il me semble entendre son grelot. »

En effet, dans le grand silence de la nuit qui vient et de la neige qui tombe, légèrement, distinctement, résonnait le bruit du grelot de cuivre que les furets portent au cou.

Et chaque fois que, rendus, morfondus, sans même avoir la force de secouer la neige amoncelée sur leurs chapeaux et leurs épaules, chaque fois que, regardant au bas du vallon, dans la nuit, un petit point rouge à la fenêtre de la ferme où les appelle la cheminée flambante et l'omelette au lard commandée, Baptistin et Bélisaire se disaient : « Il est temps de partir, la bête ne sortira plus ! » chaque fois aussi, magique et décevant comme une musique de sylphe ou de fée, le bruit du grelot renouvelait leur espérance et les décidait à attendre encore un peu.

Vers minuit cependant les gens de la Madeleine s'inquiétèrent, et, ne les voyant pas redescendre, ils vinrent les chercher avec une civière et des lanternes.

— « Ah! mes amis, dans quel état, disait la femme au panier d'œufs : immobiles devant les trous, la neige jusqu'au ventre, collés à la terre, et si raides que nous avions peur de les casser. »

Et la bête?

Voilà le plus terrible et le plus comique. La bête, on la trouva... devinez où?... dans la boîte, parfaitement tranquille et tapie sous la paille comme une couleuvre. Bélisaire avait cru que Baptistin la mettait au trou; Baptistin, occupé à placer les bourses, s'était de son côté, reposé de ce soin sur Bélisaire. C'est pour cela que, toute la nuit, la bête s'ennuyant et remuant, Baptistin et Bélisaire avaient entendu le grelot, et c'est pour cela que lorsqu'un bon railleur les les interroge sur la fameuse chasse, Baptistin, furieux, dit :

— « Ce fut la faute à Bélisaire! »

Et Bélisaire :

— « Ce fut la faute à Baptistin! »

UN POÈTE QUI FAIT SON PAIN

Gustave Mathieu, peut-être ne l'ignorez-vous point? était un vrai poète, qui n'a laissé qu'un seul livre, mais un beau livre, par exemple! plein de vers chantants comme l'eau des sources et transparents comme le miel qui coule des chênes virgiliens. Car, pour son amour attendri de la nature, Mathieu avait du Virgile en lui, et il avait aussi du La Fontaine, notant un à un les mille petits bruits qui font la grande harmonie des champs, l'infinie variété de parfums qui composent l'haleine des bois, et les reflets dorés et nacrés qui donnent à un ciel sa signification printanière ou automnale.

— « Le poète comme le peintre, disait-il, doit, dans ses

tableaux, marquer exactement le moment du jour et la saison de l'année, faire fleurir le liseron à son heure et siffler le merle à son mois ; faute de cela, les plus admirables vers ne valent rien ou pas grand'chose. »

Son livre, en plus, possède le mérite rare de ressembler à celui qui l'a fait. Après l'avoir lu, quelqu'un qui n'aurait jamais vu Mathieu se le figurera aisément : droit, campé dans sa petite taille, le feutre de côté, l'œil vif, la barbe en pointe et blanchissante, avec les allures et les goûts d'un poète gentilhomme d'autrefois ayant en guise de gentilhommière une maison de paysan basse et blanche où les amis s'attardaient volontiers pour boire de vieux vins et réciter des rimes nouvelles.

Les bons souvenirs que m'a laissés une visite à cette maison de Bois-le-Roi!

Après deux petites heures de chemin de fer, passées à regarder les hameaux et les fermes, les cheminées d'usine et les ponts, les rangées de peupliers indiquant la rivière et les lignes de maigres ormeaux signalant l'ancienne route royale à travers le nuage de vapeur d'eau et de fumée rabattu aux portières par la course folle du train, je m'étais laissé déposer dans une accueillante gare rurale, à quelque dix minutes du village.

Un chemin creux bordé de sureaux et de prunelliers, une plaine alors en moisson, sans un arbre et sans un nuage ; et bientôt, avec les premières maisons, j'apercevais Mathieu faisant les grands bras, effrayant les coqs, réveillant des éclats de sa voix les champs assoupis sous le soleil et la ruelle solitaire.

— « Te voilà, traînard ! Parisien !... On allait déjeuner sans toi. »

Dans le rez-de-chaussée clair, égayé de faïences peintes, au beau milieu d'une nappe rude sentant bon encore la bonne odeur des lessives séchées sur l'herbe, une omelette fumante attendait. Évidemment Mathieu, qui travaillait l'astronomie et gardait de ses voyages, vrais ou faux, d'innocentes manies d'ancien marin, avait dû me guetter de loin, du haut de son toit, avec sa longue-vue.

Le déjeuner ne fut pas long. En proie à je ne sais quelle impatience enfantine, Mathieu mettait les morceaux doubles et les donnait triples à son chien. Il me pressait, feignait de gronder sa femme, et terrifiait son neveu Goulabonbon, un gamin de douze ans qu'il avait adopté, par les interrogations les plus comiquement sévères :

— « Goula, réponds-moi, as-tu battu le sol de l'aire ?... Le moulin marche-t-il ?... Peut-on compter sur le blutoir ?... As-tu préparé les faucilles, Goula ? »

Le dessert à peine enlevé, le café avalé brûlant, il fallut suivre au jardin Mathieu et Goula qui, gravement, quittaient la veste et se retroussaient les manches.

C'était un jardin de village — tous se ressemblent : — quelques roses sur des rosiers en train de redevenir buissons, deux ou trois poiriers, des légumes, et une vigne courant en espalier le long du mur de pierre par-dessus lequel, sans trop se hausser, on voit la plaine. Dans ce jardin un carré de froment, large à peine comme un drap de lit, m'étonna.

— « Mon champ ! me dit Mathieu. C'est aujourd'hui qu'on le moissonne. »

Il s'extasiait, me faisant remarquer la lourdeur de l'épi incliné sur la tige, prenant les barbes à pleine main, et, comme je me permettais de sourire :

— « Ne plaisante pas, c'est un vrai champ : l'autre matin encore deux alouettes s'y sont trompées. »

Quelle fête! Mathieu coupa son blé lui-même, ce qui lui prit bien un bon quart d'heure. Puis Goula le dépiqua sur l'aire, une aire d'un mètre pour le moins, sonore et consciencieusement battue. Puis il s'agit de vanner le blé au vent : et il fallait voir de quel sérieux Mathieu, levant son doigt mouillé, cherchait d'où venait la brise.

Mathieu possédait un moulin : deux pierres roulant l'une sur l'autre, ancien moulin à sel acheté n'importe où, grâce auquel, en moins de temps qu'il n'en faut pour le dire, le blé superbe, doux à la main, net et lourd comme des grains d'or, fut moulu et transformé en blanche farine. Farine, on le bluta à l'aide d'un tamis de crin. Mais ceci se passa dans l'intérieur de la maison ; et Mathieu retenait son haleine, comme le pauvre paysan dont Janin nous conta l'histoire, souriant, mais au fond très ému, de peur de faire envoler un atome de la fine poussière nourricière.

On cogne à la porte :

— « Le levain! »

Une voisine apportait dans un chiffon un petit morceau de pâte aigrie. Il y avait de l'eau tiède sur le feu. Après avoir été moissonneur et meunier, le bon Mathieu, poudré de la tête aux pieds, devint mitron, et ne se tint pour satisfait que lorsque, dans un vieux tiroir qui servit de pétrin, la fournée future fut couchée :

— « Maintenant, les amis, allons faire un petit tour au bois ; il faut que la pâte lève, et nous ne pourrons pas enfourner avant ce soir. »

Pendant la promenade, il fallut subir, ce qui d'ailleurs n'avait rien d'ennuyeux, un cours complet d'agriculture. Mathieu me dit, en grand détail, et ses labours et ses semailles ; sa lutte ardente contre les vers blancs et les taupes ; ses angoisses par les gelées, sa joie, aux premiers beaux soleils de fin d'hiver, de voir les petites aiguilles d'un vert tendre pointer à travers la neige insensiblement abaissée ; et comment un lapin, abusant d'une brèche de la muraille, était venu exercer d'affreux ravages dans les jeunes pousses, et comment encore, un jour d'orage, tandis qu'on sonnait au clocher pour éloigner la grêle, il s'était installé, lui Mathieu, près de son champ, avec un immense parapluie rouge pour l'abriter au cas où la grêle tomberait.

Mathieu me contait tout cela, en ayant l'air de se railler. Mais, le soir, au dîner, quand sur la table apparurent deux miches dorées et chaudes encore :

— « Je le répétais toujours à Pierre Dupont : un homme n'est vraiment heureux que lorsque, au moins une fois par an, il peut faire son pain lui-même. »

Et Mathieu, doucement ému d'avoir ce jour-là fait son pain, eut comme une larme de joie dans le coin de son œil ridé.

L'HOMME VOLANT

J'AI connu un homme-volant, — la race des hommes-volants n'est pas près de disparaître de ce monde ! — il s'appelait Siffroy (d'Antonaves), il était berger de son état.

La nuit, menant les moutons sur la montagne, Siffroy regardait toujours en l'air. Depuis son enfance, l'espace l'inquiétait : l'espace, l'infini du bleu piqué d'étoiles. Il aurait voulu monter la-haut, comme les jean-le-blanc et les aigles, comme la fumée de son feu. Pourquoi ? pour rien... Du moins, il ne savait pas.

Un jour, à l'auberge, c'est la première fois qu'il y entrait, Siffroy remarqua une vieille image représentant un homme dans un grand panier qu'emportait vers le ciel un globe immense. Le globe planait au dessus des nuages. En bas, la terre semblait une fourmilière, avec des villes, des champs de blé, des ponts, des rivières, des routes. L'homme du panier tenait un drapeau. Siffroy se fit expliquer; et depuis il se voyait toujours en rêve, lui Siffroy (d'Antonaves) tenant un drapeau, au-dessus des nuages, dans un grand panier.

Certain samedi, jour de marché, Siffroy descendit à la ville. Il avait deux écus en poche. Arrivé au Portail peint, il s'informa auprès du préposé de l'octroi :

— « Si l'on ne connaîtrait pas quelqu'un, par hasard qui pourrait lui faire un joli ballon pour deux écus ? »

Le préposé de l'octroi, ayant dévisagé notre homme, répondit :

— « Pour un travail comme celui-là, il faut du papier peint, de la colle... je ne vois guère que Castarini. »

Or, il faut savoir que ce Castarini, peintre et colleur de papier peint à ses moments perdus, avait pour occupation principale d'amuser les gens de la ville en ourdissant à l'encontre des naïfs villageois toute sorte de farces et de méchants tours.

Siffroy trouva Castarini devant sa boutique, sur la Placette, en train de barbouiller de beau jaune cadmium, imitant l'or, une enseigne pour un café.

— « Qu'y a-t-il à votre service ? »

— « Excusez si je vous dérange, mais je m'appelle Siffroy (d'Antonaves) et je voudrais que vous me fissiez un joli ballon de deux écus. C'est le préposé qui m'envoie. »

A ces mots, Castarini détourna la tête et, voyant la bonne figure doucement candide, le crâne en ogive de son interlocuteur, il cligna de l'œil avec un air de profonde satisfaction, tandis qu'un frémissement scélérat, le tigre en a de tels quand il flaire sa proie ! lui bridait les muscles des joues.

— « Un ballon ? ainsi vous voudriez un ballon, fit-il en reposant son pinceau sur sa boîte à couleurs, un ballon pour monter dedans ?

— « Oui, monsieur, en papier bleu autant que possible, avec la lune et les étoiles.

— « On peut vous en faire un si vous y tenez ; moi, il me semble que je préférerais un cerf-volant, solide, bien bâti, un beau cerf-volant à deux places.

— « Je n'en ai jamais vu ! » dit Siffroy.

— « C'est que dans un ballon il y a de l'esprit de vin, des étoupes ; rien qu'un coup de vent et tout s'enflamme !... aimeriez-vous brûler en l'air ? »

Siffroy était devenu perplexe. Castarini, lui, comptait sur ses doigts, réfléchissait. Puis, tout à coup, comme subitement inspiré :

— « Que diriez-vous d'une paire d'ailes ?

— « Des ailes ! J'y avais pensé, » répondit Siffroy qui, en effet, avant sa découverte du ballon, avait plus d'une fois rêvé aux moyens de se fabriquer des ailes, tout en suivant du regard, là-haut dans le bleu, le vol des aigles et des jean-le-blanc.

Marché conclu, jour pris : Siffroy remonte vers Antonaves, et Castarini se met résolûment au travail.

Ce fut un émoi dans la ville quand on apprit qu'à la foire prochaine Siffroy (d'Antonaves) volerait et que Castarini lui fabriquait ses ailes. Trois semaines durant, les curieux assiégèrent la boutique de la Placette ; trois semaines, Castarini demeura enfermé chez lui, négligeant les peintures en train, refusant les commandes les plus pressées, peu visible, silencieux et tout entier à son chef-d'œuvre.

Enfin, le grand jour arriva. Dès la première heure, les gens de la ville allèrent se poster sur le pont, guettant la caravane d'Antonaves.

— « Et Siffroy? »

Pas de Siffroy! On apprit que Siffroy était descendu chez Castarini depuis la veille pour essayer les ailes et s'exercer.

Tranquille comme si de rien n'était, Castarini fumait sa pipe à sa fenêtre.

Il se fit peu d'affaires à cette foire-là ; légumes, paniers d'œufs, sacs de blé restèrent à l'abandon. Hommes et femmes, tout le monde attendait sous la fenêtre de Castarini.

A midi sonnant, Castarini éteignit sa pipe. Un instant après, il apparaissait sur la porte, tenant par la main Siffroy (d'Antonaves), rouge d'orgueil et décoré d'une immense paire d'ailes. Quatre mètres d'ailes pour deux écus, tout en papier d'argent et d'or! Castarini évidemment en était du sien, Castarini avait bien fait les choses!

Aussi quelle joie quand, sur le vieil orme étêté dont la fourche formait plate-forme, on vit Siffroy (d'Antonaves) apparaître en costume de chérubin! Siffroy n'était pas beau naturellement; représentez-vous-le avec des ailes d'argent et d'or sur sa veste de droguet.

— « Du large, vous autres! cria Castarini; et toi, Siffroy, aie bien soin de te lancer au troisième coup... Je compte : *une, deux, trois!* »

Siffroy gonfla ses ailes, qui battirent au vent et frémirent. Il prit son élan, mais ne se lança point. Tant de têtes d'hommes et de femmes, tant d'yeux levés vers lui, tant de bouches ouvertes l'interloquaient; et puis l'ormeau, maintenant, lui semblait haut comme une montagne.

— « Recommençons : *une, deux...* »

Les ailes retombèrent affaissées, et Siffroy déclara qu'il n'avait pas envie d'aller se noyer dans la mer. A cette réponse, la foule se fâcha et quelques-uns voulurent jeter des pierres. Mais Castarini les arrêta. Castarini était psychologue et avait appris à connaître l'âme chimérique et fantasquement imaginative de Siffroy :

— « Il va voler, vous allez voir! »

Puis, de sa voix la plus douce :

— « Dis-moi, Siffroy, c'est donc partir qui t'embarrasse?

— « Oui, c'est partir; après, cela irait tout seul!

— « Je vais te donner le moyen, ferme les yeux, remue les ailes, et figure-toi que tu es petit oiseau.

— « Je me le figure, » dit Siffroy.

— « Maintenant, attention : je vais t'effaroucher. »

Et s'approchant de l'arbre sur la pointe des pieds, Castarini claqua doucement dans ses mains en faisant : *pchit! pchit! pchit!!!* comme pour faire s'envoler une fauvette.

La fauvette... non : Siffroy s'envola ; il tourbillonna un instant dans un nuage d'argent et d'or, tomba par terre et se rompit la jambe droite. Et l'on parle encore dans le pays de ce bon Siffroy (d'Antonaves) qui, perché sur un orme, croyait être petit oiseau...

MON AMI NAZ

Or, voici par suite de quelle aventure mon ami Naz fut voué au vert :

Blasé sur les joies du collège, fatigué de fumer toujours des feuilles sèches de noyer dans des pipes en roseau, et d'élever des serpents avec des cochons d'Inde au fond d'un pupitre, mon ami Naz résolut un jour de s'offrir des émotions plus viriles.

Et, le képi sur l'œil, le cœur battant à faire éclater sa tunique, il entra, mon ami Naz, au cabaret de la mère Nanon.

Tous les collégiens un peu avancés en âge le connaissaient, ce cabaret : une porte basse sur la rue, un petit escalier à descendre, un corridor à suivre, et l'on se trouvait dans la *salle!* avec son plafond à solives, sa fenêtre qui regarde la Durance, et la bataille d'Isly accrochée au mur.

O joie, ô paresse!... Le collège à deux pas (parfois même nous en entendions la cloche), et du soleil plein la fenêtre, et la grande voix de la Durance qui montait.

— « Une topette de sirop, mère Nanon!

— « De sirop, petits?... Est-ce de gomme ou de capillaire?

— « De capillaire, mère Nanon. »

Et la mère Nanon apportait une topette de capillaire. De la pointe d'un couteau, elle enlevait — clac! — le petit bouchon, puis renversait sa topette, le col en bas, dans le goulot d'une carafe pleine de belle eau claire. Le sirop s'écoulait peu à peu, avec un joli bruit, comme le sable d'un sablier. L'eau claire, le sirop s'y mêlant, se troublait de petits nuages couleur d'opale et d'agate, et de grosses guêpes attirées montaient et descendaient le long du verre, curieusement.

Mon ami Naz, qui était en fonds ce jour-là, but à lui tout seul huit ou dix carafes. Puis, la tête échauffée, il se mit au billard, à *faire la partie!*

Je le vois encore ce billard : un solennel billard à blouses, du temps de Louis le quatorzième, décoré de grosses têtes de lion à ses quatre coins, têtes de lion qui ouvraient avec fracas leur gueule en cuivre, chaque fois qu'au hasard de la partie une bille tombait dedans. Les billes, d'ailleurs, étaient en buis, les queues sans procédé, et les bandes, antérieures, paraît-il, à l'invention du caoutchouc, semblaient rembourrées de lisière. Quant au tapis, qui en décrirait les reprises sans nombre et les maculatures !

Mon ami Naz, ce jour-là, gagnait tout ce qu'il voulait.

Pourquoi ne s'arrêta-t-il pas à temps ? Et d'où vient cet amer plaisir que trouve l'homme à tenter la destinée ?

Naz gagnait tout : partie, revanche et belle. Il n'avait qu'à s'en aller, il resta. Il n'avait, le dernier coup fait, qu'à poser la queue glorieusement. Il préféra, le dernier coup fait et marqué, garder la queue en main pour *continuer sa série*.

Et il la continua, le malheureux ! Il fit un, deux, trois carambolages ; il en fit cinq, il en fit six ; il en fit huit, il en fit dix ! Et les billes allaient, venaient, s'effleuraient et tourbillonnaient, puis s'entrechoquaient doucement, comme attirées par un aimant invisible ! Et les carambolages roulaient, et les spectateurs applaudissaient, et la vieille Nanon elle-même, remuant des sous dans la poche de son tablier, admirait et faisait galerie !

Tout d'un coup — c'était un effet de recul ! — la queue, lancée d'une main nerveuse, glisse sur la bille et la manque ; le tapis craque, le tapis se fend triangulairement, et la queue presque tout entière s'engouffre et disparaît dans un abîme de drap vert !

Le tonnerre en personne serait tombé dans la salle, que le saisissement n'eût pas été plus grand. Chacun s'entre-regarda. Naz, le malheureux Naz, resta debout, comme stupéfait, le corps en avant et la bouche ouverte.

— « Son père ! s'écria la vieille Nanon, qu'on aille chercher monsieur son père ! »

Le père de Naz arriva.

On s'attendait à une explosion de colère. Il se montra glacial et digne :

— « Combien ce tapis ? »

— « Soixante francs, mon bon monsieur, pas moins de soixante francs. »

— « Voici soixante francs !... et qu'on me donne le vieux drap. »

Puis, les bandes déboulonnées et le tapis décloué :

— « Emporte-moi ça, dit le père en remettant à Naz le tapis roulé. »

Que comptait-il faire ?

Le surlendemain tout fut expliqué quand nous vîmes entrer le malheureux Naz vêtu de vert de la tête aux pieds : habit vert, gilet vert, pantalon vert, casquette verte, et non pas vert-pomme ou vert-bouteille, mais de ce vert cruel et particulièrement détestable qu'on choisit pour les tapis de billard. Sur l'épaule droite, nous reconnûmes tous une grande tache faite par la lampe à schiste, et sur l'épaule gauche une petite meurtrissure bleue imprimée dans le drap par un *massé* trop brutal.

A partir de ce jour, mon ami Naz passa une jeunesse mélancolique.

Six ans durant, son père fut inflexible ; six ans durant, des habillements complets de couleur verte sortirent pour le malheureux Naz de cet inépuisable tapis.

Ses camarades le raillèrent.

Les gens de la ville s'habituèrent à rire de lui.

Et le malheureux Naz souffrit beaucoup de toutes ces choses, étant né avec un cœur aimant.

On le surnomma le lézard vert.

Sa figure, à force d'ennui, devint peu à peu verte comme le reste. Il se mit à boire de l'absinthe !

Enfin, à l'âge de vingt ans, long, maigre, et toujours habillé de vert, mon pauvre ami Naz, ayant pris l'humanité en haine, s'embarqua vert et seul pour les Grandes-Indes, le paradis des perroquets !

UN PEINTRE DE FLEURS

AYANT beaucoup marché et sentant l'appétit venir, je m'étais arrêté à une auberge, nouvelle pour moi, mais qui depuis longtemps me faisait envie. Vraie auberge de mariniers, le dos aux champs, l'œil sur la rivière. Devant la porte, un talus vert que coupe le chemin de halage. « A la Poule d'eau, » telle est l'enseigne !

Bon endroit pour dîner, le soir.

Frissonnante sur les bords et rayée de longues raies

d'argent par les mille lames des glaïeuls, en son milieu la rivière éclate pareille à un miroir poli. Tout autour de soi, le silence ! De temps en temps seulement des voix très distinctes et très lointaines, appels de bateliers, caquets de lavandières, arrivent répercutées sur l'eau.

De Charenton jusqu'à Corbeil, dans les écluses et les ports, l'auberge est célèbre. Mais je n'en dirai pas davantage sur elle aujourd'hui, par crainte de lui attirer la visite des brocanteurs, race malfaisante qui fait du bric-à-brac avec la poésie, enlève toute couleur à nos provinces, et, sous prétexte d'art, dépouille la Normandie de ses bahuts, le Comtat de ses pannetières et livre au premier venu les faïences des bons vieux dressoirs nivernais.

— « Entrez, monsieur, entrez ! On va repousser les volets, nous les tenions fermés pour les mouches. »

Les volets repoussés, un dernier rayon du couchant fit irruption et, devant ce qu'il me montra, je fermai les yeux, ébloui.

Écaillé par places, un peu moisi, et, tel quel, admirable encore, le poème de la rivière était là, peint à fresque sur les vieux murs. Non les grands horizons comme Corot et Daubigny les comprennent : rangées de peupliers, prairies noyées, fuites de collines au lointain ! mais quelque chose de plus rapproché, de plus intime, un paradis pour libellules : des nénuphars, des iris, des mousses, des lentilles d'eau pareilles à un semis de perles vertes, des joncs emmêlés, des roseaux portant droit leur quenouille, les fleurs du courant, les fleurettes des berges, enfin tout l'admirable fouillis de végétations luisantes et mouillées qui fait du bord, quand on s'y couche à plat ventre dans l'herbe, une miniature de forêt vierge.

— « Et la poule d'eau, où est-elle ?

— « Le peintre disait toujours, dame ! que la poule d'eau venait de plonger... Un brave jeune homme tout de même qui passait un mois ici chaque année. On l'appelait... attendez donc : Vincent ? Vincenet...

— « Vincelet, peut-être ?

— « Oui : monsieur Vincelet ! c'est ça. Nous ne l'avons pas revu depuis la guerre. »

Je m'en voulus de n'avoir pas deviné d'abord. Vincelet seul était capable d'avoir, sans doute en une après-midi dérangée par la pluie, brossé sur ces vieux murs ce coin de nature.

Et tandis que la bonne femme battait les œufs, mettait la nappe et trottait de la cuisine à la porte pour voir si le bachot de son homme n'arrivait pas apportant la friture, pendant cinq minutes au moins, — cinq minutes, c'est quelque chose ! — je me mis à songer à mon ami mort, au peintre de fleurs Vincelet.

Une originale figure ! Il avait trente ans quand je le connus. Né en Auvergne, mais Parisien dans l'âme :

— « Paris est un bouquet, disait-il ; sans compter les squares et les jardins, rien que sur ses fenêtres et ses balcons, on trouve à Paris plus de fleurs qu'en vingt lieues de rase campagne. »

Il ne tarissait pas à ce sujet. Improvisant des théories qui vaudraient la peine d'être vérifiées : qu'à Paris la verdure pousse plus tôt et passe plus tard qu'ailleurs, ou bien encore que Paris est la seule ville au monde où aient pu s'acclimater les ramiers des bois et les merles.

Paris et les fleurs étaient sa vie.

La première fois qu'il m'amena chez lui, à Montmartre, dans la grande chambre ouverte et gaie, tout près des buttes, dont il se servait comme d'atelier, j'eus l'idée nette de ce que doit ressentir une abeille piquant tête première, au milieu des fleurs, dans le pollen qui s'envole et les pétales qui se froissent. Partout des fleurs : sur les chevalets, sur les murs ; fleurs achevées, fleurs ébauchées, fleurs vivantes à la fenêtre, fleurs coupées trempant dans des vases. Et tout cela clair, baigné de lumière, éclatant de mille tons joyeux, si bien qu'on avait peine à reconnaître les fleurs peintes des fleurs réelles. Je me croyais au cœur d'un bouquet !

Il se mit à l'œuvre, et c'était plaisir de le voir trouver du premier coup le ton juste et fin sur sa palette, puis l'appliquer du plat du couteau, avec le pouce, et faire verdir, faire éclore feuillages et fleurs en se jouant :

— « Il faut peindre vite, disait Vincelet, ce qui se flétrit en un moment ! »

Vincelet parfois s'arrêtait des heures, rêveur, sous un de ces balcons parisiens où les vrilles des volubilis s'enroulent aux grilles dorées, où devant les pauvres fleurs en pot attendant l'acheteur le long d'un quai et grelottant à la bise.

Par-dessus tout, Vincelet aimait les Halles.

Jusqu'à minuit, la journée faite, il ne s'effrayait pas d'une heure ou deux passées entre amis à flâner. Mais aussitôt les cafés fermés, il endossait le bourgeron, passait la cotte, et, déguisé en ouvrier des Halles, il allait voir arriver les fleurs.

Roses et lis par charretées, œillets en montagne, amas de muguets qui ressemblent à des amas de neige, abatis de lilas et de syringas, amoncellement de violettes, tout cela jouant sous les rayons roses de l'aurore, tout cela vivant, frissonnant, secouant la rosée et pleurant la sève!

Vincelet s'en retournait, de l'air rustique plein la poitrine, le cerveau rafraîchi, l'œil peuplé de tableaux superbes; et rentré droit chez lui, il peignait dans la blanche clarté matinale jusqu'à ce que le sommeil et la fatigue vinssent lui faire tomber le pinceau des mains.

Il vécut ainsi, faisant parfois des toiles qui ressemblaient à des chefs-d'œuvre, jusqu'en 1870.

Quand vint le siège, il désespéra : cette âme de poète ne comprenait rien à la guerre.

Un matin, il descendit aux Halles, comme autrefois, et trouva le pavillon des fleurs morne et vide. Ce n'était pas tout à fait l'hiver cependant.

Il remonta chez lui et inscrivit ceci sur son mur, à la craie : « On bombarde Paris... les fleurs n'arrivent plus! »

Puis, prenant un couteau, le pauvre Vincelet....

— « Hé donc, monsieur, à quoi pensez-vous! disait l'hôtesse. Voici ben déjà demi-heure que votre omelette froidit! »

CRANE DE NÈGRE

D'ABORD ceci n'est pas un conte, mais une histoire, une histoire dont je fus le héros, tout jeune encore, au collège de Canteperdrix.

Les écoliers parisiens, habitués à la correction des lycées modernes avec parloirs qui sont des salons, dortoirs stucqués et façade sur le boulevard, auraient peine à s'imaginer l'étrangeté des baraques qu'on décore en province du nom de collèges municipaux.

Notre collège était un ancien couvent, noir, délabré, trop

vaste, dont nous n'occupions qu'un petit coin. Le reste, abandonné des hommes et des professeurs, appartenait aux bêtes : aux lézards gris en colonie dans les longues fentes des vieux murs; aux hirondelles, aux moineaux dont les nids innombrables dentelaient de mousse et de paille le rebord surplombant des toitures; aux pigeons qui, en observation sur la tour voisine et connaissant aussi bien que nous la cloche des classes, s'abattaient tous ensemble, d'un vol, quand nous quittions la cour; aux rats, escadronnant la nuit sur les planchers; enfin à une mystérieuse famille de hibous qui parfois faisaient hou ! hou ! dans les combles.

Une ménagerie, ce collège de Canteperdrix ! incomplète encore à notre gré, car nous en augmentions le personnel, suivant la saison, par un élevage bien entendu de grenouilles et de hérissons, de salamandres et d'hydrophiles.

Avec ses enfilades de salles voûtées et sonores, ses labyrinthes d'escaliers, son clos herbu, ses deux cloîtres croulants, ainsi faite, la maison nous plaisait. On y vivait, point trop malheureux, dans les plâtras et l'indépendance, toujours en rupture de classe ou d'étude, grattant les murs, sondant les caves, cherchant le fameux souterrain.

Ce souterrain, d'après la légende, transmise fidèlement d'âge en âge par vingt générations d'écoliers, partait du collège, passait sous la ville dans sa largeur, et s'en allait aboutir à deux lieues des remparts, sur le revers d'un vallon, en pleine campagne. Quel événement si on avait pu en découvrir l'entrée, et quelle facilité pour braver désormais les retenues.

Un jour, je crus être le Colomb de cette Amérique.

Au milieu du petit cloître, après de fortes pluies, le terrain s'était affaissé. Rien qu'un trou, mais qui, élargi, nous laissa voir, car nous étions deux ! une dalle écornée, avec le vide par-dessous. Nous soulevons la dalle : un couloir se présente, étroit, carré, gluant, s'enfonçant en pente dans le noir. De là montait une étrange odeur de renfermé et de moisissures.

Mon ami et moi nous nous regardâmes : « Si nous allions chercher Clavajoux ? » Clavajoux était un grand qui passait pour intrépide. « Non ! pas de Clavajoux ; il voudrait avoir tout l'honneur. » Et nous descendîmes sans Clavajoux, les pieds les premiers, à plat ventre, tâtant le sol de nos orteils. « Ça ne descend plus... on peut se dresser... Allume le bout de bougie !... » Mon ami frotta une allumette : des os jaunis, des débris de bières, des crânes roulant sur le sol ; le souterrain était un caveau !

— « Prends une tête de mort, et remontons vite... une qui soit belle, avec toutes ses dents ! » Je pris la tête ; et nous remontâmes un peu pâles, un peu émus, fiers, certes ! de notre aventure, mais heureux tout de même de revoir la douce clarté du jour. »

Ce fut un événement dans la cour. J'arrivai, cachant le crâne sous ma blouse, et du coup, mon ami et moi, nous passâmes à l'état de héros. Clavajoux en jaunissait. Vingt fois il fallut recommencer en détail le récit de la découverte, vingt fois décrire la sépulture... Mais était-ce bien une sépulture ? Ne serait-ce pas plutôt quelque cachot, quelque sombre *in pace* ?

Alas poor Yorick! que de méditations à propos de ce

crâne ! Les uns voyaient en lui les restes d'un bon religieux des temps passés, à barbe blanche, pieds nus dans des sandales traînantes ; les autres tenaient pour une victime de l'Inquisition.

Quant à moi, j'essayai de résumer poétiquement ces impressions diverses dans une ballade romantique qui commençait par cette apostrophe :

> *Crâne d'un ancien mort, ô vénérable crâne,*
> *Réponds-moi...*

Le crâne ne répondait rien et souriait toujours de son énigmatique sourire.

Cela dura jusqu'aux vacances de Pâques. A la rentrée, l'attendrissement était moindre et l'enthousiasme sensiblement refroidi. L'introduction d'un renardeau vivant par ce diable de Clavajoux porta le dernier coup à la popularité du crâne.

Moi-même, l'avouerai-je ? je commençais à trouver qu'il encombrait mon pupitre. Plus de place pour mes grenouilles ! J'hésitai quelque temps, puis j'en fis cadeau.

A partir de ce jour, le crâne eut une existence déplorablement tourmentée.

On le vit passer de classe en classe, de main en main, vendu, revendu, troqué, échangé pour des sous, des plumes, des billes.

Chacun peu à peu s'en dégoûta ; dédaigné de tous au bout d'un mois, il tomba dans le domaine public.

Abandonné dans la cour, il fut successivement enterré, déterré nombre de fois.

Puis on le soumit à des expériences sacrilèges : on essaya de le casser à coups de pierre, mais il était dur ! On le mit sous le robinet de la fontaine pour voir s'il tiendrait l'eau.

Un de mes amis — cancre ingénieux qui faisait alors ses débuts dans la peinture à l'encre — s'avisa de l'illustrer de tatouages.

Injure suprême ! on le cira.

Et, reluisant et noir comme une botte, le crâne jadis vénéré fut placé subrepticement, en qualité de pièce ethnologique, dans le cabinet d'histoire naturelle, où Monsieur le Principal, faisant visiter son collège à des dames, le trouva le lendemain décoré de cette inscription :

CRANE DE NÈGRE !

LES ANES MALADES

Qu'on en pense ce qu'on voudra, j'eus toujours un faible pour l'âne. Cela sans doute me vient d'enfance et les impressions d'enfance ne se discutent point.

J'aime l'âne, estimable animal, si voisin de l'humanité par ses vertus comme par ses vices : dur au travail et flâneur par boutade, suivant l'occasion et la saison ; patient un jour, puis révolté ; volontiers rêveur et tout à coup se ruant et pétaradant en des facéties imprévues ; l'œil malicieux et résigné à l'ombre d'un bouquet de longs poils gris ; l'oreille raide sous le bâton, mais devenant d'une mobilité étonnante, d'une exquise sensibilité pour prendre le vent au moindre bruit ! vrai philosophe en somme dans sa robe de bure bourrue, un peu terreuse, usée par places, pareille au froc de capucin, ou, si l'on préfère, au manteau effrangé du Cynique.

Dans Canteperdrix, qui est une ville de paysans, chaque paysan a son âne et sa maisonnette. Le paysan loge au premier, l'âne loge au rez-de-chaussée. A part cela, leur vie est la même. Levés tous les deux avant l'aube, ils vont à l'olivette ou à la vigne. L'homme porte le bissac et la pioche ; l'âne porte une charge de fumier, un sac de semence, quelquefois aussi il ne porte rien. Car l'âne, sous ce ciel béni, est un ami plus qu'un esclave et l'homme travaillerait mal si, entre deux coups de collier, relevant la tête, il n'apercevait au haut du champ son compagnon sobre et fidèle en train de tondre à larges lèvres quelque maigre buisson rôti par le trop grand soleil. Pour tromper la longueur du jour, parfois l'âne se met à braire. Son chant remplit l'espace immense. Le silence règne quand il s'est tu, silence absolu, religieux, que trouble seul sur les coteaux le bruit argentin de la pioche. Et c'est longtemps, longtemps après que l'ortolan ou le coucou hasardent de nouveau leur cri et qu'on entend se réveiller le chœur enragé des cigales.

L'âne fait partie de la famille ! D'où un grand orgueil pour tous, quand, après les courses de Saint-Aroï, son maître le ramène vainqueur, monté à cru, sans bât ni selle, mais secouant fièrement au son des tambours le bridon triomphal pomponné dans le goût espagnol, ou la musette en sparterie que décorent de petits miroirs et des broderies en laine aux couleurs voyantes. Heureux les ânes de Canteperdrix s'ils connaissaient bien leur bonheur ! Ne sont-ils pas de vrais paysans ? peinant l'été, se reposant l'hiver et partageant en tout et toujours les nobles travaux et les robustes joies de la vie rurale.

Donc, une fois il arriva que les ânes de Canteperdrix furent malades, et Dieu sait qu'il y a des ânes dans la ville de Canteperdrix !

L'ange exterminateur, celui des ânes, avait passé, marquant les portes ; et dans le haut, dans le bas quartier, les pauvres bêtes tombaient comme mouches. Plus de bruit de sabots, le matin à l'heure où l'on part, dans les ruelles ; plus de clochettes sonnantes le soir, au retour des champs, près de la fontaine ; mais tout le long de la journée, avec de durs cahots sur le pavé pointu, le chariot bas de l'équarrisseur qui, suivi du hurlement des chiens, emportait les cadavres à la grève.

Un remède fut trouvé, cher, mais guérissant quelquefois : on gorgeait les ânes de miel, largement, par grandes cuillerées. Je vis soigner ainsi l'âne d'un voisin : efflanqué, la langue pendante, le poil secoué de longs frissons, il gisait tristement sur la litière de buis frais coupé, près de sa mangeoire à moitié pleine. La femme, appuyant maternellement la tête de l'âne sur ses genoux, maintenait ouvertes ses mâchoires et l'homme, les bras nus, fouillant dans un grand pot, enfournait d'énormes pelotes d'un beau miel odorant et roux, naturelle potion où le gosier du moribond pouvait reconnaître au passage, réduites à leur quintessence, toutes les fleurettes des prés et toutes les herbes des montagnes.

Dans un coin, Trophime soupirait. Trophime le fils de la maison, un gamin de huit ans qui, malgré son âge, menait déjà le soir l'âne boire.

— « Voyez comme il avale ! soupirait Trophime, cela lui fait du bien, le pot est presque aux trois quarts vide... »

Et s'étant accroupi il regarda l'âne qui avalait, avalait toujours. Depuis la maladie, Trophime était comme fou et manquait l'école ; mais son père le lui pardonnait, comprenant sa grande douleur.

Tant de cœur chez un enfant si jeune me toucha.

A deux jours de là, je le vis passer, riant, rayonnant, respirant la joie :

— « Hé ! Trophime, arrête-toi ; l'âne va donc mieux ?

— « Au contraire, mon pauvre monsieur, il est mort ce matin quand le coq chantait ; je viens d'avertir l'écorche-rosses. »

Puis il ajouta, l'œil éclairé, la lèvre gourmande :

— « Vous savez ? C'est moi qui achève le pot de miel ! »

LE CHAMP DU FOU

Demi-bourgeois et presque riche, il avait, chose invraisemblable, toujours vécu en paysan. Bien mieux, ayant perdu sa femme, il se permit l'idée bizarre de donner tout son bien à des parents éloignés, pour ne garder qu'une rustique maisonnette avec quelques cents mètres de terrain autour, juste ce qu'il pourrait cultiver lui-même; et, depuis ce temps il vivait seul, heureux et seul! dans la familiarité de la nature. C'est pour cela que les gens du pays le croyaient fou.

Rien de joli, d'ailleurs, comme le petit domaine qu'il s'était arrangé au clos Saint-Laze. Un ermite à le voir s'en serait rendu amoureux.

Ce que j'appelais tout à l'heure maisonnette, faute de trouver le terme exact, n'était, en réalité, qu'un creux de rocher que fermait un mur percé d'une fenêtre et d'une porte.

Mais le mur était si blanc, un si beau rosier enguirlandait la fenêtre et de si vigoureuses broussailles faisaient corniche à la place du toit, que cette logette valait un château.

A deux pas, une source claire jaillissait du milieu d'un amas de tufs et de mousses pour tomber à grand bruit dans un vivier, au-dessous duquel descendait en pente un jardinet arrosé à sa soif même au plus fort de l'été et plein d'arbres et de légumes.

Quelques oliviers, un carré de blé, un cordon de vigne assuraient amplement la subsistance du propriétaire. Mais sur ce sol montueux, tout hérissé d'énormes pierres qu'il aurait fallu attaquer à la mine, bien des coins demeuraient incultes. Le bonhomme les mettait à profit pour y planter toutes sortes de fleurs curieuses et rares qu'il allait chercher dans la montagne; seulement, n'étant pas ingrat, et voulant rendre à la montagne un peu de ce qu'il lui prenait, il y semait des fleurs de jardin aux endroits les plus solitaires, ou bien greffait sur des sauvageons les meilleures qualités de fruits, heureux par avance de l'étonnement des botanistes et des surprises gastronomiques que sa bienfaisante supercherie préparait aux pâtres et aux coureurs de bois.

On l'appelait le père Noé, sans doute en manière de sobriquet, à cause de son amour pour les bêtes.

Quand je le connus, du plus loin que je me souvienne, c'était un homme très vieux, tout blanc, et si affaibli par le grand âge qu'il était obligé, la plupart du temps, de laisser les trois quarts de son bien en friche. Il avait des idées étranges là-dessus, prétendant que tout homme ne doit demander que sa part à la terre, et n'eût pas souffert qu'on l'aidât. Il lui arrivait rarement de rentrer toute sa vendange ; son plaisir était de laisser les plus belles grappes sur le cep.

— « Il faut bien, disait-il, quelques raisins mûrs pour les grives... »

Mais les grives n'étaient pas seules à picorer dans sa vigne, *la vigne à personne*, comme nous disions entre galopins, et la plus grosse part nous revenait de ses muscats amollis et cuits, si doux que leur sucre brûlait la langue.

Le père Noé aimait les petits et nous tolérait volontiers. Par exemple, chez lui, défense absolue de toucher aux nids et de faire du mal à quoi que ce fût. Le père Noé se montrait sur ce point méticuleux comme un boudhiste. Aussi son clos nous faisait-il l'effet, dans nos imaginations enfantines, d'un second paradis terrestre où vivaient heureuses, en pleine liberté, toutes les bestioles de la création. Sans compter les oiseaux bruyants et innombrables, de superbes lézards verts, le dos chatoyant et grenu comme une bourse brodée de perles, se chauffaient au soleil un peu partout, le long des muraillettes de pierre sèche étagées en terrasse pour empêcher la bonne terre de glisser. Des lapins ignorants du coup de fusil venaient effrontément galoper et cabrioler à la barbe de leur protecteur; et dans les crépuscules d'automne, de gros insectes à la silhouette fantastique passaient d'un vol vibrant et lourd sur les nuages pourpres du couchant.

Un jour, vaguant dans le clos Saint-Laze avec l'autorisation du père Noé, nous trouvâmes un lièvre au gîte, de qui les oreilles diaboliquement dressées nous effrayèrent. Car il y avait vraiment de tout dans ce bienheureux clos Saint-Laze, de tout, même un vieux chêne crevassé où logeait un essaim d'abeilles. Le père Noé, sans les tuer ni les mettre en fuite, — ne savait-il pas parler aux bêtes? — leur prenait à chaque printemps quelques rayons de miel, du miel sauvage, du *miel d'ours* dont il nous faisait des tartines. Et nous étions fiers, pensez donc, de manger ainsi du miel d'ours.

Une après-midi, comme il était en train de faire la moisson de son blé méteil, le père Noé fut pris d'un subit malaise. Il appela un voisin qui dut l'aider à regagner la maisonnette, car ses jambes ne le portaient plus. On rentra les gerbes coupées, mais il fallut laisser sur pied ce qui restait.

— « Puisque je n'ai pas pu couper mon blé moi-même, c'est un signe que je n'aurai plus besoin de tant de pain. »

On lui fit remarquer qu'il y avait sacrilège à laisser périr le bon grain.

« Attendez l'hiver, attendez, les oiseaux me donneront raison... »

Et comme le père Noé passait pour un peu sorcier, tout le monde augura qu'il sentait sa fin, qu'il mourrait bientôt et que la saison serait mauvaise.

En effet, cette année-là décembre s'annonça terrible.

Les montagnes d'abord apparurent ourlées de neige à

leur crête. Puis la neige gagna les plaines ; et, le vent des Alpes soufflant, des flocons se mirent à tomber, lents et drus. Au bout de deux jours, quand le temps s'éclaircit, toute la campagne, à perte de vue, était blanche — fossés comblés, haies recouvertes — et sans les lignes de grands noyers, on n'aurait pas pu reconnaître les routes. Un froid dur avec cela, si dur que les rochers mouillés se recouvraient partout d'une croûte de givre, et que tout l'effort du soleil n'arrivant qu'à fondre un peu de neige à la superficie, elle se gelait aussitôt, luisait, et craquait sous le pied comme verre.

Un matin, ma grand'mère, qui était prieuresse des Pénitents bleus, prit sa chaufferette et sa mante.

— « Où allez-vous, grand'mère ?

— « Garder jusqu'à ce soir le père Noé qui est au plus mal, et lui porter une bouteille de vin cuit. »

Malgré le froid, malgré la neige, comme le soleil s'annonçait beau, elle consentit à m'emmener.

— « Et dites-moi, grand'mère, l'hiver, comment font les oiseaux pour vivre.

— « Un peu comme ils peuvent, mon mignot. Ceux qui ont de bonnes ailes s'en vont dans des pays où l'on a toujours chaud, par delà la mer, en Afrique. Les autres...

— « Oui ! les autres, ceux qui n'ont pas de bonnes ailes ?

— « Eh bien, les autres mangent ce qu'ils trouvent, les baies des buissons, les épis oubliés aux champs.

— « Mais quand la neige cache les buissons et recouvre les champs ?

— « Alors, que veux-tu, ils ont faim, ils meurent. »

Je me rappelai précisément avoir vu, le matin même, un moineau mort, près de la fontaine, et comme aucun oiseau ne se montrait le long de la route, je fus pris d'une vague tristesse m'imaginant qu'en effet tous étaient morts.

Mais à Saint-Laze, quelle surprise !

Sitôt la barrière dépassée, au-dessus du champ de méteil, avec des cris, des froufous d'ailes, un nuage noir s'éleva. C'étaient des milliers d'oisillons qui, effrayés par notre vue, se postèrent en observation à la cime des arbres. Puis un se hasarda à revenir, un second l'imita, d'autres suivirent; et bientôt toute la bande s'abattit de nouveau sur les épis noircis et les tiges brouillées du morceau de moisson que le père Noé avait voulu laisser debout. Ah! les braves petits oiseaux, c'était à faire à eux de secouer la neige qui tenait les chaumes courbés. Ils travaillaient des pieds, du bec. Une vraie orgie, un pillage! De tous les coins de l'horizon, friquets, pinsons, chardonnerets, venaient pour avoir leur part de l'aubaine; et, se réchauffant à un rayon de bon soleil que laissait entrer la porte ouverte, le père Noé, de sa cabane, contemplait cela, souriant.

— « En voici, en voici encore !

— « Mais d'où viennent-ils en si grand nombre, monsieur Noé?

— « Figure-toi, petit, que, l'autre jour, j'avais donné commission à un merle d'aller publier par toute la contrée que la table était mise ici, chez un vieux fou qui va partir et qui a du blé de reste. La commission, paraît-il, a été bien faite... Mais, s'en fourrent-ils, s'en fourrent-ils, les brigands ! »

Puis, montrant dans un coin un sac qui n'était qu'à moitié vide :

— « Mon méteil n'y suffira pas... Je vous charge, quand je serai mort, de leur distribuer encore ceci. »

Huit jours après, le père Noé s'étant éteint paisiblement, je m'en allai au clos Saint-Laze, avec quelques mal-peignés de mon âge, pour assister à la cérémonie.

La neige avait un peu fondu. Maintenant, sur le chemin, tout le long des haies, des kyrielles d'oisillons ragaillardis piquaient du bec en gazouillant les perles noires des viornes et les grains de corail des aubépines.

— « Regarde-les voler... Écoute comme ils chantent... Le curé ne leur fait peur. »

Et nous restâmes persuadés, avec raison peut-être, que c'étaient les oiseaux du clos Saint-Laze, les oiseaux mangeurs de méteil, qui suivaient ainsi le convoi, accompagnant pieusement leur ami jusqu'au cimetière.

LA MORT DES CIGALES

Derrière le fort, sur un plateau pierreux, battu du vent, parfumé de maigre lavande et d'œillets sauvages où, dans un trou d'eau qui suintait, les gamins allaient tendre des gluaux aux queues-rousses et aux merles de roche, il y avait un enclos blanc planté de croix noires, avec un fossoyeur, — ancien soldat de la grande armée que la rumeur publique accusait de nourrir ses lapins de l'herbe des tombes, — creusant tout le long du jour une éternelle fosse. Un grand tilleul faisait ombre au milieu; et quand il avait défleuri, nous en mangions les graines molles et douces que nous appelions le *pain des morts*. Nous rêvions aux morts — à cause de ce pain — une existence de sous terre non pas effrayante précisément, mais vague, paresseuse et mystérieuse.

Quelquefois les cloches sonnaient à l'église. Alors on disait dans la ville :

— « Le vieux Catignan a trépassé, la vieille Ravousse a rendu l'âme. »

On racontait les circonstances. Son testament signé, le vieux Catignan avait beaucoup remercié le notaire ainsi que les messieurs venus comme témoins ; et puis, pour montrer son usage du monde, il avait soupiré, croyant citer du latin :

— « Siou mor, mortus ! Siou mor, mortus ! » et il était mort...

Quant à la Ravousse, elle gardait, paraît-il, dans sa *table fermée*, une robe de drap toute neuve que son fils lui avait envoyée de Marseille et qu'elle n'avait jamais osé porter, la trouvant trop belle pour une simple paysanne. Mais pendant sa maladie les voisines l'avaient tant priée et suppliée qu'elle avait consenti à ce qu'on la lui mît lorsqu'elle serait morte. Et la brave femme répétait encore en riant, une minute avant d'expirer :

— « C'est là haut qu'on va être étonné ; personne ne me reconnaîtra plus ; ici les gens m'appelaient La Ravousse, le bon Dieu me dira : Madame Ravous. »

Les plus hardis allaient voir Catignan et La Ravousse exposés devant leur porte (la coutume en durait encore !), sévères et raides avec leurs beaux habits, entre les cierges, dans la caisse ouverte que veillaient deux pénitents blancs en cagoule. Mais cela ne nous impressionnait guère. Catignan et La Ravousse étaient des vieux! pourquoi étaient-ils *des vieux?* c'est-à-dire des êtres maussades et lents, ne riant pas, ne criant pas, enfin d'une autre espèce que nous ; et, par un sentiment d'égoïsme naïf et féroce, on trouvait juste, naturel, amusant presque que la Mort vînt prendre les vieux. Bien entendu, on ne prévoyait pas le cas où grand-père, grand'mère seraient morts. L'enfant a peu d'idées générales ; et puis, pour chacun de nous, grand-père et grand'mère n'étaient pas des vieux comme les autres : c'était grand-père et c'était grand'mère.

Mais personne n'échappe au Destin! je devais bientôt connaître à mon tour et avant mon tour l'amertume des séparations douloureuses.

J'arrivais alors sur mes huit ans et j'avais une camarade de mon âge que j'aimais d'une affection enfantine. Des cheveux d'or, des yeux bleus clairs, genre de beauté rare chez nous où les filles brûlées et brunes ont longtemps l'air de garçonnets. On l'appelait indifféremment Ninette, Nine ou bien Domnine du nom de son patron Domnin qui est un grand saint dans le pays.

Quand, galopinant dans les bas quartiers, après la classe, nous passions sous la voûte sombre où débouche un antique égout, et que la bande prenait sa course en criant : « Homme à la barrette rouge, attrape le dernier ! » je prenais la main de Domnine, et, pour la faire mieux courir, je restais souvent le dernier bien que j'eusse grand'peur de *La Barrette rouge.*

14.

L'été, on nous laissait aller ensemble hors des remparts de la ville jusqu'à la lisière des champs, ce qui nous semblait être très loin.

L'hiver, il m'arrivait de lui donner une aile de raisin pendu, des sorbes mûries sur la paille, et même de mon sucre pour mettre dans son pain de noix.

Un jour Domnine ne vint plus chanter dans nos rondes les chansons qu'elle chantait si bien : « Garde les abeilles, Jeannette, garde les abeilles au pré ! » ni celle du pont de Marseille sur lequel « il pleut et soleille. » Et quand il pleuvait et soleillait, quand, dans un ciel nuageux troué de bleues éclaircies le diable battait sa femme, Domnine n'était plus avec nous pour répéter en chœur l'incantation irrésistible qui force le Dieu à se montrer : « Viens vite, soleil, beau soleil, je te donnerai un rayon de miel ! »

Mon amie Domnine était au lit. Un matin, assis sur le banc de pierre de sa porte, je vis le médecin descendre et je l'entendis qui disait :

— « C'est fini, la petite ne passera pas la nuit. »

Je compris alors vaguement qu'il m'arrivait un grand malheur. Triste et fiévreux, on me crut malade, et, me dispensant de l'école, on me confia à Peu-Parle, un paysan qui faisait aller le petit bien de la famille, et devait cette après-midi relever les sarments de notre vigne de Toutes-Bises. C'était là mon remède ordinaire, et rarement mes maladies avaient résisté à quelques heures de promenade à la vigne en compagnie de cet homme sentencieux et réfléchi qui savait le nom des plantes, la place des astres, recon-

LA MORT DES CIGALES

naissait les oiseaux à leur chant et me paraissait un peu sorcier.

Le plus souvent je voulais l'aider; mais cette fois je préférai rester tout seul, assis à l'écart, près de la source.

Le travail fut long : il s'agissait, sans éborgner les jeunes pousses, de descendre les fagots de l'année d'avant, épars entre les souches, jusqu'au bas des allées où broutait l'âne. De temps en temps, Peu-Parle me criait :

— « T'ennuies-tu, petit?... Si tu as faim, cueille une figue. »

Mais je n'avais pas faim et ne m'ennuyais pas : le cœur un peu gros, je pensais à Domnine.

— « Il faut pourtant achever aujourd'hui, nous nous en irons avec la lune ! »

Lorsque Peu-Parle eut achevé, lorsqu'il eut lié la charge de l'âne, il profita d'un reste de jour pour faire un feu de brindilles entre trois pierres et préparer une omelette d'œufs dénichés au poulailler et de fines herbes que nous cueillîmes. Puis on s'installa par terre sous la treille, qui, entre ses ceps tortus pareils à de grands serpents noirs, laissait passer le regard des premières étoiles. La nuit était venue, et Peu-Parle n'avait pas apporté de lanterne, ne croyant pas rester si tard.

Peu-Parle, sans perdre un morceau, raisonnait des choses de la terre, et blâmait mon père sévèrement de conserver deux amandiers poussés au hasard dans sa vigne.

— « Le soleil crée le vin, et la vigne ne veut que l'ombre de l'homme !... »

Moi je ne mangeais pas, je ne comprenais guère; à mon

chagrin s'ajoutait la mélancolie de ce long dîner dans le noir.

Mais bientôt, dépassant la crête d'une roche, la lune apparut dans son plein, et jeta sous la treille une blanche nappe de lumière où l'ombre des feuilles se découpait. Comme si la terre se fût éveillée, de chaque arbre, de chaque caillou, un bruit s'éleva; les rainettes et les grillons entamèrent leur symphonie, et, avec ses mille voix confuses, le chœur des beaux soirs commença.

Peu-Parle s'était tu. Tout à coup, levant le doigt:

— « Chut, écoute ! »

Juste au-dessus de nous vibrait solitaire un chant de cigales, un chant qui était aussi un cri : étrange, comme immatériel.

— « Ça, fit Peu-Parle, c'est une cigale qui meurt. »

Et gravement il ajouta :

— « Le soleil fait chanter les cigales, mais, avant de mourir, elles chantent une dernière fois au clair de lune, parce que la lune c'est le soleil des morts. »

A cette idée de mort, j'éclatai en sanglots.

— « Il faut être fou, un grand garçon, de pleurer pour une cigale ! »

Et, me soulevant dans ses mains rudes :

— « Regarde bien, elle doit être là, sous le gros nœud, collée à l'écorce. »

Elle était là, en effet; je voyais ses ailes transparentes et son corselet brun poudré d'or.

— « Tu peux la prendre, elle ne bouge plus. »

Je la tenais entre mes doigts, immobile déjà et si légère !

Je pensais à Domnine. Je disais : Voilà donc la Mort? Et pendant longtemps, consolé, je m'imaginai, ne trouvant plus à cela rien d'effrayant ni rien de bien triste, que l'on devait mourir ainsi, un soir de clair de lune, en chantant, — comme les cigales !

MES HIRONDELLES

Le ciel est clair comme une perle, avril embaume sous ma fenêtre, et les cloches, revenues de Rome dans la nuit du samedi-saint, carillonnent à grandes volées... Pourtant quelque chose me manque, il me semble que ce n'est pas encore tout à fait Pâques.

Je vais vous dire : il me manque mes hirondelles ; et d'aussi loin que je me souviens, la première fois que les cloches m'annoncèrent le retour de Pâques, l'air sentait bon comme ce matin, j'étais dans la même chambre haute, à décliner *rosa, la rose*, sur la même table où j'écris aujourd'hui, et par-dessus ma tête, de la fenêtre ouverte aux vieux nids maçonnés contre la grande poutre du fond, passaient et repassaient en criant les hirondelles...

J'avais ici trois nids d'hirondelles, trois nids superbes, bâtis du temps de mon grand-père, il y a des siècles, et bâtis comme on ne sait plus bâtir! trois nids antiques, féodaux, trois nids enfin qui étaient aux pauvres nids modernes ce qu'un vieux castel de l'an 1200 est à nos misérables maisons blanches.

De temps immémorial la chambre et les nids appartenaient à la même famille d'hirondelles, qui les quittait à chaque automne, pour les retrouver intacts chaque printemps.

Un vrai fief, comme vous voyez, où seules elles avaient le droit, reconnu de tous dans la maison, d'aller et venir selon leur caprice, et de faire, au besoin, subir à mes livres et à mes cahiers le sort par lequel Jéhovah voulut éprouver le vieux Tobie.

Personne ne se plaignait d'elles, au contraire!

Myon elle-même, le croiriez-vous? la cuisinière Myon, ce modèle d'économie, n'avait pas hésité à casser une vitre exprès pour qu'elles pussent entrer et sortir librement, à toute heure et les jours de pluie.

Jaloux de tant de privilèges, est-ce qu'une nichée de moineaux mal pensants ne s'avisa pas, certain hiver, de s'installer dans un des nids et d'y faire son petit 93? Cette fois, quand les hirondelles revinrent, elles trouvèrent la place prise. On allait se battre, mais fort heureusement j'étais là, et je n'hésitai pas, champion de la bonne cause, à chasser comme ils le méritaient, à l'aide d'une paire de pincettes, ces effrontés pillards, acquéreurs de biens nationaux...

Donc — voyant Pâques approcher et les lilas du jardin fleurir — depuis plusieurs jours, je guettais le retour des hirondelles.

Ce matin, comme je travaillais, mon cœur a bondi tout à coup en entendant un petit cri bien connu, avec un léger bruit d'ailes sur ma tête... C'était elle, la première!

Elle a filé plus vite qu'une flèche et disparu. Bientôt je l'ai vue revenir. Elle a fait alors deux ou trois tours par la chambre, ayant l'air de s'enquérir si toutes choses étaient à leur place, saluant d'un bref gazouillement, amical et joyeux comme un bonjour, le grand bahut sculpté, le buste de d'Alembert sur la bibliothèque, les cartes d'Amérique suspendues aux murs, et les nids, et les poutres, et le plancher de briques rouges tout taché de blanc sous les nids. C'étaient des battements d'ailes, c'était une joie! Elle volait de çà de là, faisant miroiter son ventre d'argent quand elle passait dans un rayon.

Enfin elle s'est arrêtée à l'un des nids et s'est soutenue un moment, sur ses ailes qui frémissaient, à la hauteur de l'ouverture. Après avoir regardé dedans, chose singulière! la voilà qui se remet à voleter à travers la chambre, très inquiète et poussant de petits cris — plaintifs cette fois, je le comprenais bien! Elle a tourné autour du nid, elle a essayé d'y rentrer; mais à peine avait-elle passé la tête, je l'ai vue battre en retraite aussitôt, puis ramener deux autres hirondelles qui ont regardé à leur tour dans les nids, et qui après les mêmes cris plaintifs, ont paru se consulter un instant et se sont envolées avec elle.

Vous pensez si tout ce manège m'intriguait. Je prenais patience toutefois, espérant qu'elles allaient reparaître. Mais combien douloureux n'a pas été mon étonnement quand je les ai vues, toutes trois ensemble, j'en reconnaissais une au bout de son aile teint en blanc, commencer la construction d'un nouveau nid sous l'auvent de la maison en face.

Il n'y avait plus à douter, les hirondelles me faussaient compagnie.

Certes, même chez les oiseaux, l'ingratitude n'a rien qui surprenne, mais quel motif avait pu déterminer mes infidèles à quitter ainsi, pour une maison de hasard, ces beaux nids tout bâtis, chauds comme un coin de rocher à Nice, ces nids connus, pleins de souvenirs, où trente générations d'aïeux s'étaient déjà abritées?

Ma curiosité était excitée au plus haut point. Alors j'ai traîné la table au milieu de la chambre, et, posant une chaise dessus, puis une seconde sur la première, les plafonds sont hauts dans nos vieilles maisons! au risque de me casser le cou, j'ai regardé ce qui se trouvait dans les nids. Hors de l'ouverture du premier nid, quelque chose passait que j'avais pris d'en bas pour un fétu de paille. C'était une patte d'oiseau. Je tire et je vois une hirondelle morte, toute desséchée, et ployée dans ses longues ailes comme dans un linceul de soie blanche et noire. Étonné, je glisse la main dans le trou... Miséricorde! j'en retire un second cadavre, un troisième, un quatrième, et quoique ma main ne pût aller au fond, je sentais qu'il y en avait encore.

Voilà donc pourquoi les nouvelles venues s'enfuyaient!

J'ai pris un marteau et j'ai brisé le nid.

Quatre cadavres! Sept par conséquent pour un nid. Dans le second, c'était plus affreux encore : accrochées les unes aux autres, pressées, collées ensemble, elles étaient là huit ou dix, remplissant tout l'intérieur, et quand la terre maçonnée s'écroula, elles tombèrent en bloc comme d'un moule et roulèrent sur le parquet. Même chose dans le troisième nid. Je venais de découvrir un cimetière, un vrai cimetière d'hirondelles.

Impressionné fort péniblement, j'ai appelé la vieille Myon. Myon aimait beaucoup mes hirondelles. Elle a d'ailleurs gardé les troupeaux dans sa jeunesse, et connaît comme une famille les bestioles des champs et les oiseaux des bois.

— « C'était le 9 octobre de l'an passé, mon beau monsieur, me raconta Myon. Oh! je me souviens du *millième!* Les gens achevaient leurs vendanges qui se trouvaient un peu en retard. Nous étions, nous autres, à votre petite vigne de Champ-Brencous, sous le rocher de la citadelle. C'était de grand matin; il faisait un temps de miracle. Cependant, malgré le beau soleil, je voyais des hirondelles qui volaient au ras de terre, et cela m'étonnait beaucoup.

Peu à peu, nous nous aperçûmes qu'il en arrivait de partout : il en arrivait du Piémont, il en arrivait du Dauphiné, et toutes se réunissant formaient en l'air, au-dessus du fort, comme un nuage. Puis le nuage se rapprocha; elles se posèrent tout près de nous, sur un gros amandier poussé sauvage au pied des remparts.

Il faut vous dire qu'à chaque automne, quand c'est le moment de partir, les hirondelles d'ici ont accoutumé de se réunir sur ce vieil amandier, pour voyager de là toutes ensemble.

Le départ n'a jamais guère lieu bien avant le 15 ou le 20. Cependant, quoiqu'on ne fût encore qu'au 4 du mois, les hirondelles partirent, et nous nous dîmes que l'hiver s'annonçait précoce et rude.

Elles n'avaient pas tort de tant se presser !

Le soir même, au soleil couchant, nous les voyions toutes reparaître, et bien d'autres avec elles. Il y en avait tant et tant qu'elles tenaient la moitié du ciel. La neige les chassait, une neige du diable, qui venait d'en bas, des montagnes de Corse, poussée par le vent.

La neige venant d'en bas ! Cela ne s'était peut-être jamais produit depuis que le monde est monde. Mais il était dit que cette année-là, en cherchant le bon soleil, les hirondelles devaient rencontrer l'hiver.

Si vous les aviez vues, les pauvres petites bêtes noires, mouillées, morfondues à travers la neige qui tombait ! Tout se tait quand la neige tombe; on n'entendait autre chose que leurs cris. C'était une compassion.

Et malgré le froid, malgré le vent, malgré la neige, elles volaient d'ici, de là, dans les tourbillons, espérant trouver leur nourriture. Mais la neige avait lavé l'air; il n'y avait plus ni moucherons ni mouches.

A moitié mortes de faim et de froid, nous les voyions,

par bandes, s'abattre aux vitres des fenêtres, sur les cheminées d'où la fumée les chassait, dans les trous des murs, le long des corniches, partout où il y avait le moindre abri.

Des centaines et des centaines pendaient en grappes aux rebords des toits, battant des ailes pour se réchauffer, comme un essaim au bout d'une branche. Aussi loin que l'œil pouvait aller, tout ce qui n'était pas blanc de neige était noir d'hirondelles.

— « Quel désastre, Myon!... Et comment firent les autres oiseaux ?

— « Ceci, par exemple, je ne saurais vous le dire...

— « Oui, que devinrent les coucous, les rossignols, les... ?

— « Je n'y avais pas songé! Je me rappelle cependant avoir remarqué, cette année, une chouette en plein hiver. C'était le soir. Elle me passa tout près de la figure, sans aucun bruit; car il faut dire que ces bêtes-là, comme les huppes, vous ont l'air de voler avec des ailes de velours. Il faut donc croire que cette fois-là les chouettes, surprises par le froid, n'osèrent pas se mettre en voyage. La chouette trouve toujours à vivre; quand il n'y a plus d'insectes ni de petits à duvet dans les nids, il reste les rats des champs, les mulots et les taupes, dont on peut encore s'accommoder. Sans compter que s'il gèle dehors, il fait toujours bon au creux des arbres. Mais elles, les hirondelles, que voulez-vous qu'elles deviennent en temps de neige ?

Les bonnes âmes leur ouvraient. Alors elles entraient en foule dans les maisons, la grande misère leur ôtant toute crainte de l'homme; et elles se laissaient prendre à la main, sans bouger, comme des innocentes. Nous en avions cette chambre pleine; tout le monde venait voir cela. Par malheur, on ne savait que faire pour les nourrir. Si encore elles avaient voulu du grain qu'on leur apportait. Mais rien n'est délicat comme ces bêtes... De cette façon, tout ce qui ne périssait pas de froid périssait de faim.

Puis, lorsqu'on comprit qu'elles étaient perdues quand même, les gens se mirent à les manger. Un vrai massacre! On les ramassait à pleines mains, à pleines corbeilles; les femmes les rapportaient dans leurs tabliers, et les gamins dans leurs chapeaux, en revenant de l'école.

Cette abomination dura trois jours.

Le matin du quatrième jour, le soleil se leva très beau sur la neige; les vignes essuyèrent leurs feuilles, et les grappes ensevelies montrèrent le nez à la chaleur.

On se remit à vendanger dans la neige fondante, les mains gelées.

Cependant, quelques survivantes qui avaient résisté à ce terrible hiver de quatre jours faisaient leur rappel, effrayées, et, sans tenir conseil sur le vieil amandier, sans se rassembler, vite, vite, elles partaient l'une après l'autre à la débandade, vers la bonne mer, toujours chaude, qu'elles voyaient peut-être de là-haut.

Il était mort, on avait tué des cent et des mille hirondelles.

Notre maison en était noire; j'en ai trouvé jusqu'au salon... Mais aller mourir dans leurs nids, mourir de faim, *pécaïré!* qui se le serait imaginé? »

Myon se baissa pour ramasser dans son tablier les débris des nids et les hirondelles mortes; puis, les larmes aux yeux :

— « Ah! mon beau monsieur, fit-elle en se signant, Dieu nous préserve de la famine! »

LE TAMBOUR DE ROQUEVAIRE

Brigadier...
— « C'est-il vous, Picardan ?
— « Oui, brigadier. Et même qu'il y a du nouveau
— « Attendez alors, que je mette mes bottes. »
Là-dessus, le brigadier ferma la fenêtre du rez-de-chaussée aux vitres de laquelle le garde Picardan avait cogné, et disparut un instant pour reparaître sur le perron de la caserne, non plus en bonnet de coton, comme un bon gendarme qui va se livrer au repos du soir, mais sanglé d'un baudrier, coiffé d'un tricorne et prêt à traquer le délinquant,

malgré les ténèbres, d'ailleurs relatives, dont une nuit d'août transparente couvrait les collines et les champs autour du village de Roquevaire.

Ils partirent, marchant côte à côte, sans parler.

Quand ils eurent dépassé les dernières maisons, quand Roquevaire ne fut plus sur le fond bleu du ciel piqué d'innombrables étoiles qu'une masse noire que dominaient la tour carrée et la cage en fer travaillée à jour de l'horloge municipale, dans cette cage onze heures sonnèrent, notes d'argent dans le grand silence.

— « Ainsi nos gaillards sont au plant de Font-Sèche?
— « Oui, brigadier.
— « Tous les quatre?
— « Comme toujours.
— « Suffit!... Faudra voir une bonne fois à tirer leur affaire au clair. »

Puis le silence retomba, interrompu seulement par le pas rhythmé du brigadier et le claquement sec du sarment de vigne recourbé en crosse, que Picardan — héritier inconscient des vieux centurions romains — portait comme insigne de ses fonctions.

Après le cimetière, à l'endroit où la route commence à grimper, Picardan dit :

— « Chut! écoutons... »

Un bruit sourd, comparable au roulement d'un tambour voilé, s'entendait de l'autre côté de la hauteur. Le bruit cessa, puis recommença, par intervalles réguliers, de plus en plus distinct, de plus en plus nourri, à mesure que le gendarme et le garde montaient.

Ils avaient maintenant quitté le grand chemin, et coupaient en biais, l'oreille aux aguets, guidés par le son, un plateau inculte dominant la plaine.

— « Encore quelques pas, et, de la crête, nous allons les voir.

— « Il faudrait trouver, pour se cacher, n'importe quoi : un rocher, un arbre... »

Mais en fait d'arbres, le plateau n'avait que des lavandes maigres et rares ; des cailloux au lieu de rochers. Il est même étonnant que le mistral, qui souffle dur sur les hauteurs en ce bienheureux pays de Provence, eût laissé là tant de cailloux.

— « Attention, fit le garde, voici que la diablerie commence. »

En effet, là-bas, dans les oliviers, quelque chose d'inaccoutumé se passe. Entre les troncs que l'éclat multiplié des constellations baigne d'une vague lueur, quatre hommes ou plutôt quatre fantômes se suivent à la file indienne. Tout à coup, et comme obéissant à un mot d'ordre, la procession s'arrête. Le premier des fantômes, porteur d'une lanterne sourde, en promène le reflet de droite à gauche, lentement et circulairement. Le second aussitôt roule de son tambour. Le troisième, balançant un ustensile qui paraît être un arrosoir, fait jaillir vers le sol, dans la clarté de la lanterne, une pluie de diamants liquides. Alors le quatrième — celui-ci armé d'un panier — tombe à genoux... Et, l'incantation finie, tout rentre dans le silence et l'ombre, jusqu'à ce qu'un nouveau roulement, un nouveau jet de vive lumière viennent trahir sur un autre point de la plaine la présence de ces étranges promeneurs.

— « Que pensez-vous, brigadier?

— « Qu'il faut se coucher en tirailleurs, observer et attendre. »

Ils n'attendirent pas longtemps. Presque sous leurs pieds, au bas de l'escarpement formé par le bord extrême du plateau, soudain la lanterne luisit et le tambour sonna.

— « En avant! cria le brigadier.

— « En avant! répéta le garde. »

Prêts à prendre leur élan, ils se dressèrent. Mais au même moment, derrière eux, la lune apparaissant par-dessus les collines, étendit sur tout le plateau sa blanche nappe de lumière; et deux gigantesques ombres portées, l'une coiffée d'un simple képi, l'autre d'un tricorne en bataille, s'allongèrent démesurément dans la direction de la plaine restée obscure, comme si les deux représentants de l'autorité, grandis soudain de plusieurs coudées, se fussent étalés à plat, face contre terre.

Les fantômes avaient-ils entendu les voix du gendarme et du garde? Avaient-ils aperçu leur double silhouette?... Mais en moins de temps qu'il n'en faut pour le dire, le tambour se tut, la lanterne s'éteignit, et le garde avec le gendarme, malgré la hâte qu'ils y mirent, ne purent, arrivés sur les lieux, que constater de nombreuses traces de pas autour d'un rond encore humide.

Cette nuit, le brigadier ne dormit guère, et sa femme en fut effrayée.

Il songeait que depuis deux mois, chaque samedi, quatre particuliers suspects se livraient nuitamment à d'inexplicables sarabandes, et que le moment était venu, pour l'honneur de la gendarmerie, de mettre bon ordre à tout cela.

Qui pouvaient bien être ces particuliers?

Des fantômes?.. Non! Les gendarmes ne croient pas aux fantômes.

Des chercheurs de trésors?.. L'hypothèse à première vue parut séduisante au brigadier. Pourtant l'arrosoir, le tambour le déconcertaient. On n'arrose pas les trésors; on ne cherche pas de trésors au son du tambour.

Des sorciers, alors? Mettons des sorciers! Avec des sorciers, tout s'expliquait.

Puis il réfléchit qu'après tout, la chose pouvait bien se rattacher à la politique. En effet le sentier bordé de murs en pierres sèches par où évidemment, car il n'y avait que celui-là, les rôdeurs avaient pris la fuite, menait droit au *Mas de l'Agasse*. Or, ce Mas de l'Agasse appartenait au sieur Baculas, tueur de tourdres, bon vivant, qui aimait par farce à faire courir les gendarmes et que les gendarmes avaient à l'œil un peu à cause de cela, et aussi, quoiqu'on fût en république, à cause de ses opinions scandaleusement avancées.

Pincer Baculas, quelle joie!

— « On verra voir... se dit le brigadier. »

Et, son plan dressé, sa résolution prise, il s'endormit du sommeil des justes.

Le lendemain, beau jour de dimanche, le brigadier, rasé de frais, coquet dans sa petite tenue, avec l'air aimable et l'allure d'un guerrier point méchant qui se promène pour son plaisir, se dirigea, dès que le soleil fut assez haut, du côté du Mas de l'Agasse.

Le toit fumait.

— « Les particuliers y sont ! »

Ce disant, il huma l'air et renifla en chien chasseur qui se sent sur la bonne piste.

Comment douter d'ailleurs ? D'un premier rapide coup d'œil jeté dans l'intérieur du cabanon par la porte laissée grande ouverte, ne venait-il pas d'apercevoir — suspendues au mur en manière de panoplie — les plus probantes des pièces à conviction : un grand panier, un arrosoir, l'œil convexe et rond d'une lanterne, sans compter le tambour qu'une serviette voilait.

Les criminels ne se troublèrent pas, au contraire.

— « Tiens, le brigadier ?

— « Bonjour, brigadier !

— « Brigadier, entrez, si un coup de vin frais ne vous fait pas peur. »

Le brigadier entra, décidé à observer les hommes et les choses.

Sauf la lanterne et le tambour — car la présence de l'arrosoir et du panier n'avait en somme rien d'extraordinaire — un cabanon comme les autres ; une de ces cigalières sans ombre où les bons Provençaux, restés musulmans par plus d'un coin, passent leurs dimanches délicieusement à se réjouir entre amis, face à face avec la nature et surtout loin de leurs épouses. Sur les murs blanchis à la chaux et décorés d'ustensiles de cuisine, se lisaient des inscriptions joyeuses : « *Buvons !* — *Chantons !* — *Égayons-nous !* » Des listes de convives, au crayon, avec une croix à côté du nom des morts, rappelaient la date et le souvenir des déjeuners marquants dont le cabanon fut le théâtre. Au milieu de la cheminée, une pendule peinte en trompe-l'œil, sans aiguilles, s'enguirlandait de la philosophique devise : « *Ici le cadran n'a pas d'heures.* »

Sous la surveillance de trois hommes attentifs à entretenir les braises, trois casseroles glougloutaient. Le quatrième, Baculas lui-même, bras nus, le front emperlé de sueur, broyait l'aïoli sacré dans un coin.

Tout à coup, d'un geste d'Hercule déposant sa massue, il planta le pilon de bois au centre de l'odorante et tremblotante pommade, et comme le pilon tint debout :

— « Tous à table, l'aïoli est pris. »

Puis, se retournant, et comme redescendu aux choses terrestres :

— « Tiens ! c'est vous, brigadier.... vous ne refuserez pas de goûter notre aïoli ? »

Le brigadier accepta sans trop se faire prier, bien que sa délicatesse s'offusquât de partager le pain et le sel avec des escogriffes qu'il espérait bien appréhender au collet avant peu.

— « Et la morue ? disait Baculas. — La morue est prête. — Fait-elle la pierre à fusil ? — Elle fait la pierre à fusil. — Bon ! Et les haricots verts ? Les pommes de terre ? — Les haricots verts, les pommes de terre sont à point. — Et les cacalauses ? (cacalause est le nom qu'ont les escargots en langue d'oc.) — Flairez plutôt, elles embaument. — Alors il n'y a plus qu'à manger. »

Tous prirent place ; et Baculas, avant de s'asseoir, prononça en guise de bénédicité la phrase classique :

— « Souvenons-nous, braves gens, que les anciens Romains faisaient nicher les escargots et mangeaient l'aïoli trois fois par semaine, ce qui ne les empêcha pas d'être des conquérants distingués, et de mourir vieux à l'occasion. »

Le brigadier pensait à part soi : je crois, non d'un cheval, qu'on se fiche de la gendarmerie !

— « Voyons, brigadier, qu'avez-vous ? Quelque chose vous préoccupe. Vous mangez, un œil sur l'assiette, l'autre sur la lanterne et le tambour; et pas plus tard qu'hier soir, du haut du plateau de Font-Sèche, avec ce brigand de Picardan, vous nous espionniez... Ne niez pas. On vous a vus : votre tricorne cachait la lune. »

— « Croyez, messieurs... »

— « Ah vous avez voulu savoir nos secrets, vous avez voulu pénétrer nos mystères ? Eh bien, vous saurez, vous pénétrerez... Camarades, qu'on ferme la porte !... Et quand tout vous sera révélé, jurez, brigadier, que vous ne nous trahirez point. »

Le brigadier était seul, il n'avait pas son sabre, il jura.

— « Apprenez donc, brigadier, commença Baculas d'une voix tonnante, que pareillement aux Romains leurs aïeux, les fils de la Provence furent toujours friands d'escargots. A Roquevaire surtout ! car nulle part on n'estime l'escargot autant qu'à Roquevaire.

Malheureusement l'escargot est un gibier capricieux, qui choisit ses heures. L'escargot ne montre ses cornes qu'en temps de pluie... Quelle misère lorsqu'il ne pleut pas !

L'hiver, passe encore ! Avec du temps et de la patience,

on finit toujours par en dénicher quelques douzaines dans les trous de mur où ils sont endormis.

Mais l'été — à moins d'une ondée providentielle qui vienne une fois par hasard rafraîchir le toit en tuiles rouges du cabanon et ses arbustes poussiéreux sur lesquels les cigales crient comme si elles étaient en train de frire à la chaleur — l'été, avec un terrain sec et dur qu'un coup de mine n'entamerait pas, nul moyen de se procurer les intéressants gastéropodes... Là, brigadier, que feriez-vous ? »

Interloqué, le brigadier oublia de répondre, se demandant où son interlocuteur voulait en venir.

— « Et pourtant, continuait Baculas, le moyen existe, grâce auquel on peut persuader aux escargots enfouis sous terre de venir se promener à la surface du sol. Mais pour le trouver, ce moyen, il fallait toute l'ingéniosité native des Provençaux en général et des Roquevairois en particulier... Inutile de chercher à deviner, brigadier, puisque vous n'êtes pas de Roquevaire.

Voici d'ailleurs succinctement la manière dont s'organisent, entre Roquevairois initiés, ces petites expéditions nocturnes.

On part quatre, à la queue leu leu, d'un pas uniforme, comme hier vous avez pu nous voir faire; et, l'un dissimulant une lanterne sourde, le second portant un tambour, le troisième un arrosoir et le quatrième un panier de taille, on va se perdre sous les oliviers. Aux endroits propices, l'homme à la lanterne démasque sa lanterne, et, d'un coup de poignet rapide, en promène vivement la lueur sur le sol;

l'homme au tambour exécute un sourd roulement, l'homme à l'arrosoir arrose en mesure. Trompé par ce simulacre d'éclair suivi de tonnerre et de pluie, le naïf escargot sort de ses retraites. Il est alors délicatement cueilli par le quatrième compère qui le jette dans son panier.

— « Drôle de chasse! fit le brigadier vexé au fond sans vouloir le laisser paraître.

— « Chasse amusante, reprit Baculas implacable, et qui ne nécessite pas de permis. »

L'histoire est-elle vraie? Pourquoi non!... Je me suis borné à la transcrire telle qu'elle me fut racontée par le grand Mimile, un Marseillais pur sang qui n'a pas son pareil pour déchiffrer les devinettes. En tous cas, une chose que je puis affirmer, c'est que, dans toute la Provence, alors qu'il éclaire et qu'il tonne, les bonnes gens, après s'être signés ou non, ne manquent jamais d'ajouter en regardant l'averse crever les nuages :

« *Voilà le tambour de Roquevaire qui bat le rappel des escargots.* »

VIEILLE NOBLESSE

La grand'tante nous parlait parfois, en énumérant nos alliances, de certains parents éloignés, oh! très éloignés, lesquels étaient de vieille noblesse :

— « Nos cousins de Pépézuc », disait-elle; et il fallait voir la bonne dame se rengorger.

Je demandais un jour :

— « Pourquoi les Pépézuc ne se montrent-ils jamais? »

La grand'tante répondit :

— « Ils sont fiers et pauvres! »

Fils d'artisan, petit-fils de paysan, ce noble cousinage me

flattait. Faire visite aux Pépézuc devint le rêve de mon enfance. Malheureusement, les Pépézuc habitaient au diable, par delà dix vallons, sur des versants rocheux, dans un de ces maigres biens de montagne qu'on voit à moitié chemin des nuages, parmi les lavandes grises et les pierrailles, se détacher en vert quand le seigle verdit, en jaune quand le seigle se dore, avec un petit point blanc, qui est la maison, au milieu.

Un jour pourtant, prenant courage, je me décidai à aller surprendre les Pépézuc dans leur asile héréditaire.

Quatre heures de marche, et par quels sentiers!

Mais l'orgueil me soutenait. Puis j'étais rhétoricien, le cerveau peuplé d'ambitieuses chimères. Qui sait? il y avait peut-être là-haut des héritières, Harmangarde ou bien Rosemonde : je n'hésitais pas, j'en épousais une et je redorais le vieux blason.

Enfin, j'arrive. Au premier aspect, le manoir des Pépézuc m'étonne un peu. Rien de ce que j'avais rêvé : ni fossés moussus, ni tourelles croulantes, et pas d'écusson au portail. Une sorte d'écurie coiffée d'un grenier! Le tout en cailloux noirs agglutinés dans du mortier plus noir encore, et se rapprochant assez, par la couleur et l'apparence, d'un fort morceau de nougat trop cuit. Au lieu de vitres, du papier huilé avec des traces d'écriture. La porte du bas grande ouverte et se balançant sur un seul gond.

On entrait là comme chez soi : ô simplicité des vieux âges!

Dedans, tout était noir aussi, sauf des trous au plafond, nombreux et brillants comme des étoiles, et un vif rayon de soleil qui, enfilant l'étroite porte, traversait la pièce en coup de sabre et allait s'écraser contre la muraille du fond; mais ces trous d'or et ce rayon rendaient plus sombres les coins sombres. Une poule étique grattait le sol en coquetant, des mouches innombrables dansaient et bourdonnaient dans le rayon, une marmite en fer précipitait ses glouglous sous la cheminée; mais ces bruits vagues semblaient rendre plus sensible le silence.

Soudain une voix masculine et forte, d'un timbre étrange, me fit tressaillir. La voix avait dit:

— « Hé! brave homme?... »

Je regarde dans tous les coins. Un lit sans drap, un escabeau cassé, une table boiteuse, et personne.

« Brave homme! » répéta la voix qui me parut venir d'en haut.

Alors seulement, regardant mieux, j'entrevis dans l'ombre un paquet de linge accroché au mur.

C'était le paquet qui m'adressait ainsi la parole.

Cependant le paquet continuait:

— « J'ai faim; la cueiller est au clou, la soupe sur les cendres. »

Un peu interloqué, je pris la cueiller et la soupe, et m'étant approché prudemment, j'aperçus un monstre à tête énorme emmaillotté jusqu'au cou et pendu par le dos à un long crochet qui, en des temps heureux, avait dû servir de support à la panetière. Le monstre se taisait maintenant, fermant les yeux, ouvrant la gueule. J'enfournai là-dedans la soupe à grands coups de cuiller. Tout disparut en un instant.

Quand ce fut fini, on s'expliqua : Horreur! ce monstre n'était ni plus ni moins que ma propre cousine, l'Harmangarde et la Rosemonde, l'unique et dernière descendante des Pépézuc! Elle avait douze ans, des instincts vagabonds, et Pépézuc père avait inventé cette méthode ingénieuse de l'accrocher ainsi pour l'empêcher d'aller courir.

— « Et pourquoi t'emmaillotte-t-il les bras? »

— « Parce que, quand il ne me les emmaillotte pas, je me décroche! »

Pépézuc père, parti avant l'aube ce jour-là pour surprendre un lièvre, n'était pas encore revenu.

— « Si vous voulez le voir, vous le trouverez du côté du vallon, où est le noyer creux, tout près d'un rocher. »

La cousine était bizarre, d'une éducation négligée; je mis donc de côté tout projet d'union et ne jugeai pas à propos de prolonger le tête-à-tête.

— « Allons, me dis-je, allons voir Pépézuc père; il aime la chasse, ce qui est d'un gentilhomme! »

Je me le figurais par avance un peu original, un peu sauvage, mais vaillant et doux, comme il convient au dernier débris d'une noble race.

Elle était jolie, la noble race!

Je trouvai Pépézuc chassant, mais chassant sans meute ni fusil et d'une façon pas du tout seigneuriale. Il était couché le nez dans l'herbe, à plat ventre et les bras en croix. De temps en temps, il tressautait avec des contorsions singulières. M'entendant marcher, il me héla:

— « Hé, monsieur, arrivez m'aider, arrivez! la bête m'échappe.

— « Quelle bête ?

— « Un lièvre, monsieur ! un lièvre gros comme un petit âne. Je le guettais depuis un mois; ce matin, je l'ai pris au gîte, quand il dormait encore, en me laissant tomber dessus.

— « Et vous êtes là depuis l'aube ?

— « Oui, j'attendais que quelqu'un passât. »

A deux nous nous emparâmes du lièvre. Sans être gros comme un petit âne, il me sembla de taille raisonnable. Le descendant des Pépézuc voulait me le vendre sept francs.

Je rentrai chez nous humilié, tout meurtri de cette lourde chute du haut d'un arbre généalogique.

Et pendant plus d'un an, ajouta en manière de conclusion l'ami qui nous racontait cette histoire, pendant plus d'un an, je me sentis devenir rouge jusqu'au blanc des yeux, toutes les fois que la grand'tante, se rengorgeant sous ses anglaises, faisait quelque allusion discrète à nos lointaines alliances, et aux bons cousins de Pépézuc — pauvres et fiers !

LES FAUX NÈGRES

Si le Père Éternel était de Marseille, voici probablement comment serait le Paradis.

D'abord, pour monter, un étroit sentier capitonné de cailloux coupants et bordé de maigres talus sur le flanc desquels l'herbe se recroqueville. Au bout du sentier, un carré de murs; au milieu de ce carré, qui représente le jardin, une maisonnette à toit plat sans autre ouverture que la porte. Pas d'arbres, pas de fleurs ! mais, sur la tête, un ciel d'indigo, et, là-bas, entre des rochers nus, luisants et blancs comme du marbre poli, une petite anse où rit la mer bleue. Le gazouillement des oiseaux et le murmure des eaux tombantes qui, je ne sais pourquoi, font tant de plaisir aux gens du Nord, sont remplacés, avantageusement après tout, par la crécelle des cigales.

Et cela s'appelle un cabanon, paradis pour lézards, où le sage passe, à s'écouter vivre, des heures vraiment délicieuses.

Au cabanon — je parle du cabanon classique et non des prétentieuses villas qui essayent d'usurper ce titre — l'égalité règne. Des trois ou quatre amis qui s'en partagent la possession, chacun à son tour brouille la bouillabaisse ou triture l'aïoli, besognes viriles ! Après quoi l'on mange, au grand air, du côté où le cabanon projette en noir son ombre portée. Et si par hasard ces deux importantes occupations de cuisiner et de manger ne remplissent pas la journée, il arrive qu'au déclin du jour, la brise de mer se levant, quand le soleil rouge à l'horizon semble verser des corbeilles de pièces d'or dans les flots éclaboussés, il arrive qu'on trouve un moment pour se raconter des histoires.

En voici une, la dernière, que je tiens du héros lui-même, le capitaine Rascassaz, un brave homme d'ancien forban, bon comme le pain, loyal comme un mât, et aussi incapable de mentir que de faire à quelqu'un tort d'une épingle.

— « Positivement, commença le capitaine, on rencontre à rouler la mer des aventures extraordinaires ; et celle que je vais vous dire, si vous me la disiez vous autres, peut-être que je ne la croirais pas.

J'étais à cette époque sur les parages d'Afrique, cherchant à faire enfiler par mon brick-goélette l'embouchure d'une rivière qui s'appelle le Petit-Macarambar. Il y a aussi le Grand-Macarambar — ne pas confondre ! — mais le Grand-Macarambar, tout le monde le connaît tandis que le Petit-Macarambar, j'étais à peu près seul à en savoir l'endroit.

Nous naviguions, mon brick et moi, pour le compte de la maison Sacroman et fils, bien connue en loge, chargeant un peu partout des gommes, des dents d'éléphants, de l'or en poudre, des arachides, et aussi, quand l'occasion s'en présentait, — on peut se confier la chose entre camarades — quelques échantillons de bois d'ébène.

J'étais en relations par le fait du hasard avec une espèce de roi nègre nommé Roussou-Ghado qui, suivant la coutume du pays, se constituait d'assez bonnes rentes en brocantant avec l'un et l'autre la personne de ses sujets.

Bon diable, à part cela, et tout à fait rond en affaires. Je lui aurais prêté ma bourse à ce Roussou-Ghado ! mais la suite vous prouvera qu'en ce bas monde, dès qu'il s'agit d'intérêts, on ne doit se fier à personne, pas même à un nègre.

Je trouve l'embouchure, j'accoste. Voilà qui va bien : Roussou-Ghado m'attendait avec un assortiment de moricauds premier choix que la maison lui avait commandé par lettre.

On s'embrasse, on fait les échanges ; et, sans perdre de temps, je m'occupe à embarquer la marchandise.

Un article superbe : tous jeunes, tous en bon état, reluisants et fermes, c'était plaisir à les manier. Pas trop tristes avec cela, ni trop méchants, sauf une douzaine venus du centre, à ce que me dit Roussou-Ghado, et qu'il avait fallu bâillonner. J'en pris livraison malgré ça, me réservant de les assouplir à mon bord.

Puis nous voilà partis, toutes voiles dehors, car l'important, dans cette branche de commerce, est de flâner sur les côtes le moins qu'on peut, afin d'éviter la croisière.

Le premier jour, il ne se passa rien. J'avais d'ailleurs pour principe de ne pas ennuyer mes nègres le premier jour. On les laissait tranquilles entre eux, sans manger et sans boire, pour qu'ils eussent le temps de se faire à l'idée de leur position. Le second jour, ils mangeaient un peu. Le troisième, repas complet, suivi d'une heure de récréation sur le pont. Et de cette façon ils s'habituaient, l'existence se présentant à eux sous des couleurs de plus en plus avenantes.

Nous avions pour commissaire du bord, préposé aux vivres et subsistances, un méchant cuisinier parisien qui ne comprenait que le français. Le second jour, venant au rapport, il me dit :

— « Je ne sais pas si je me trompe, mais il y a certainement de vos nègres qui m'ont tout l'air de baragouiner *moco*.

— « Mangent-ils, au moins?

— « Ils dévorent... depuis qu'on les a débâillonnés.

— « C'est le principal... Vous dites qu'ils viennent du centre? Pourquoi ne trouverait-on pas dans le centre, des pays où les nègres parleraient le marseillais? »

Et je m'en allai à mes affaires.

Le troisième jour, — ce fut bien autre chose, le troisième jour ! — à peine arrivé sur le pont, voilà une bande d'enragés qui se précipite sur moi :

— « *Maï couquin dé Diou, capitani...* »

Le cuisinier n'avait pas menti : mes nègres parlaient marseillais !

Parle marseillais ou ne parle pas ! ils menaient un peu trop de bruit et le premier travail fut de les ramener dans l'entrepont à coups de garcettes.

Puis, je me mis à réfléchir, et, comme j'étais intrigué, je résolus d'interroger tout de suite un de nos mal blanchis.

Celui-là me révéla le pot aux roses.

Figurez-vous — c'est à dégoûter du commerce, et en voyant ça on se demande jusqu'où la falsification ira se nicher — figurez-vous qu'au lieu de nègres cette canaille de Roussou-Ghado venait de me céder l'équipage d'un capitaine, mon concurrent et mon ami, avec qui il ne s'était pas entendu et dont il avait pillé le navire. Il les avait teints, ces matelots infortunés, tout simplement teints; on trouve là-bas une écorce qui, en rien de temps, paraît-il, transforme en nègre magnifique un chrétien comme vous et moi.

Que faire? Vendre des Marseillais, des frères, me semblait tout de même un peu raide. Mais d'un autre côté, j'avais mes devoirs de capitaine, et je ne pouvais pas prendre sur moi, en conscience, d'infliger à la maison Sacroman et fils une perte sèche d'environ quarante à cinquante mille francs.

Toute la nuit, je calculai. Le matin, mon parti était pris. Je fis monter tous mes faux nègres sur le pont et je leur tins ce petit discours :

— « De quoi s'agit-il? A quoi bon ce vacarme? Sommes-nous des hommes, oui ou non? Eh bien, si nous sommes des hommes, vous ne voudrez pas, pour un simple motif d'amour-propre, mettre un compatriote dans l'embarras. Roussou-Ghado est une canaille, je ne dis pas, mais c'est une affaire entre vous et lui. Moi, j'ai agi de bonne foi, je vous ai acheté comme nègres, vous êtes inscrits comme nègres sur les registres du bord; il faut, si je ne veux pas être ruiné ou déshonoré, que je vous revende comme nègres. En n'étant pas nègres, vous me volez. Qu'est-ce que ça vous fait de rester nègres? »

Puis je leur parlai de mes enfants, de ma famille.

Ils comprirent, quelques-uns pleuraient.

Enfin, plutôt que me chagriner, ils promirent de ne rien dire jusqu'à la Havane. Après, le brick-goëlette une fois reparti, ils se débrouilleraient.

A la Havane, je vendis tout en bloc, vrais et faux nègres; les faux passèrent dans le tas.

Et voulez-vous que je vous dise le plus beau? conclut le capitaine, attendri tout à coup à ces souvenirs. Eh bien! le jour de l'arrivée, en vue des côtes, comme ils avaient légèrement déteint, ils me demandèrent, braves enfants! histoire de se rafistoler un peu, des brosses avec du cirage. »

LE RENARD AVEUGLE

Je ne reconnaissais pas mon pays, ou plutôt c'est lui qui ne me reconnaissait pas, car bien que — plein d'une provençale assurance — j'eusse fait mon entrée dans la ville en petit paletot mince et clair, le ciel restait triste obstinément, voilé par les brumes qui tout le jour montaient du Rhône.

On ne voyait plus le Ventour; et c'est à peine si, quelques minutes durant, à l'approche du soir, un rayon illuminait les tours jumelles du fort Saint-André et les créneaux sarrazins du palais des Papes.

Enfin, lasse de tirer avec des gants gris-perle les verrous des portes de l'Orient, l'aurore, ce matin, a laissé voir ses doigts de rose. Ce matin, un coup de lumière fracasse mes vitres et envahit la chambre d'auberge où, dans mon désespoir, je m'étais réfugié à quelques kilomètres de la ville.

Plus de ces sifflets de train en marche qui m'arrivaient lointains et monotones, annonçant, sans espoir possible, la continuation du temps noir. Au contraire, dès le saut du lit, je suis accueilli par un joyeux cliquetis de bastonnade, comme si là, devant ma porte, Polichinelle rossait de sa trique formidable un guet composé d'archers en bois.

Je sors : c'est le mistral, le *mange-fange* qui rend les chemins plus durs que le marbre et le ciel plus clair qu'un miroir! Pour la première fois depuis mon arrivée, je suis obligé de cligner de l'œil devant l'éclat des rochers blancs, de la route blanche, du Rhône frisé en mille vagues où s'éparpille le soleil, et de l'horizon de montagnes dont une argentine vapeur doucement teintée de violet anoblit encore les lignes classiques.

Au premier plan, au haut d'un poteau, sur le bleu satiné du ciel, un moulin à vent minuscule tourne, actionné furieusement par le vent divin, le *Circius* irrésistible que les Romains ont adoré; et ce moulin, à chaque tour de ses palettes, heurte, butte, choque et repousse la longue lance d'un Don Quichotte monté sur ressorts, grave et naïve marionnette à qui ces atouts précipités donnent les gestes et l'allure d'un chevalier livrant bataille.

— « Cet homme armé, m'a dit l'aubergiste, est le meilleur des baromètres ; quand il se met à faire tapage, on n'a plus à craindre le mauvais temps. »

Et, sur la foi du Don Quichotte qui continue à s'escrimer de plus belle, tandis que le moulin à vent, piqué d'honneur, tourne plus fort, nous partons pour la ferme de *Côte-d'Ane* où il s'agit, par suite d'un pari gastronomique, de manger, en l'arrosant d'un introuvable vin de vignes mortes, une brochette de *grassets* véritables, et de bien me prouver que les oisillons à gros bec, dont je me suis sottement régalé hier, dans un hôtel aux environs du Pont-du-Gard, étaient non des grassets, mais de vulgaires *pétardiers*.

Un étroit sentier, circulant, parmi des bouquets de chênes nains, sur le pan coupé de la montagne, conduit à la ferme de Côte-d'Ane. Nous entendons le mistral souffler, et nous le voyons — car on le voit réellement — nous le voyons là-bas, dans la plaine, argenter les champs d'oliviers au passage de ses rafales, et, le long de la grand'route sans poussière, tourmenter le manteau des voyageurs grelottants. Ici, à l'abri, sous le cagnard, des rayons chauds comme en été, et pas un souffle ! L'aubergiste l'avait promis :

— « En prenant par le raccourci, vous pourriez marcher, sans l'éteindre, avec une chandelle allumée... »

Nous n'avons pas de chandelle pour tenter l'expérience ; mais si nous en avions une, en dépit des enragés tourbillons qui ronflent sous nos pieds et au-dessus de nos têtes, il est certain qu'elle ne s'éteindrait pas.

Voici bien, en effet, le grasset véritable ! Moins fin peut-être que l'alpin, il descend comme lui en plaine quand la neige le chasse des hauteurs, et comme lui on le fait cuire dans l'intérieur d'une énorme truffe — autant de truffes que de grassets ! — soigneusement bardée de lard et creusée d'un seul bloc, ainsi que le sarcophage d'un roi ninivite.

Après le déjeuner, nous sommes descendus nous chauffer à la cuisine, car avec ce mistral qui teint le ciel du plus vif azur, on cuit au soleil, mais on gèle à l'ombre.

Dans le coin de la cheminée, un solide gaillard, le garçon de ferme, geignait, emmitouflé, écoutant le feu, tandis que, devant lui, sur un des grands landiers évasés en porte-écuelle, un bol de tisane fumait.

— « Eh bien, Bartoumiou, lui dit le maître, ça va-t-il un peu mieux que l'autre jour ?

— « Pas encore trop fort !... Que voulez-vous ; après une émotion pareille !

— « Allons, tant mieux ! Ça t'apprendra à me prendre mon fusil pour tirer les lapins en cachette. »

Le début m'intéressait : il y avait là une aventure ! Désireux de connaître la suite, je me gardai bien de souffler mot. Les gens d'ici sont surtout ennemis du silence, et l'on n'a qu'à se taire pour les obliger de parler.

Le maître, en riant, continuait déjà :

— « Quelle peur, mon pauvre Bartoumiou, quelle belle peur et quelle course !... Ah ! monsieur, il fallait le voir dégringoler le raidillon, sans chapeau, le fusil en l'air, avec les cailloux qui roulaient et les clous de ses souliers qui faisaient feu dans les cailloux.

— « Le diable, maître, j'ai rencontré le diable !...

— « Tu as rencontré le diable, Bartoumiou ?

— « Oui, là-haut, près du grand rocher, à l'endroit où il y a des genêts d'Espagne.

— « Et comment est-il ?

— « Épouvantable : il ressemble à un vieux chien roux !... Oui riez, riez, soupirait Bartoumiou, mais il n'y a pas là tant de quoi rire ; et vous n'en auriez pas mené plus large que moi, si, à ma place, attendant un lapin au petit jour, vous aviez vu venir lentement sous le fourré cette grosse bête hérissée et maigre, avec des oreilles pointues, qui trébuchait à chaque pas, et se heurtait tout en marchant contre les rochers et les troncs d'arbre. Je mets en joue malgré ma frayeur, je mire, je tire, je manque... et voilà la bête qui, au lieu de s'enfuir, s'assied sur son train de derrière, puis, faisant tinter un grelot, se frotte et refrotte le nez comme pour me faire la nique.

— « Et tu as couru, Bartoumiou ?

— « Si j'ai couru ! Un gendarme aurait couru, et vous auriez couru vous-même...

— « Ce qui n'empêche pas que nous l'avons pris et mis en laisse, le diable qui t'avait tant fait peur... Allons, montre-toi, Sans-Malice. »

A cet appel, accompagné d'un coup de pied, un animal remua que j'entrevoyais vaguement aux lueurs dansantes de la flamme. C'était un renard... Pris au piège par des paysans que ses rapines exaspéraient, on lui avait crevé les yeux et puis on l'avait lâché à travers champs, aveugle, avec un grelot au cou, pour que l'horreur de son supplice servît d'exemple aux autres renards.

Errant et lamentable, mourant de faim et d'abandon,

après sa rencontre avec Bartoumiou, les gens de la ferme le recueillirent. Il se trouvait bien à la ferme, il engraissait, le poil redevenait luisant, parfois même, poussé par l'instinct, il se dirigeait à tâtons vers le coin de la cour où loge la volaille.

— « Tenez, regardez, il y va ! »

En effet, à un chant de coq, Sans-Malice s'était dressé, museau tendu, l'oreille en pointe; il alla d'abord du côté de la porte, mais il se cogna contre un meuble; et alors, assis sur son train de derrière comme Bartoumiou l'avait vu, hésitant, ne comprenant pas, essayant encore, essayant toujours de chasser le nuage rouge qui lui fait une nuit éternelle, lentement et obstinément, avec un geste maladroit d'une tristesse presque humaine, il passait et repassait sa patte gauche devant ses yeux ensanglantés.

L'ANNÉE DES ROSSIGNOLS

OUI! encore un jour, encore deux jours, car voici le solstice, et le rossignol se taira sous bois. Ce n'est déjà plus l'appel, tour à tour éperdu et triomphant, qui, en avril, en mai, pendant les claires nuits, semblait se moduler sur la palpitation des étoiles. Maintenant le nid est fait, et le mâle, pendant que la femelle couve ou nourrit, laisse peu à peu son chant s'éteindre.

Et tant mieux! Je souffrais à l'entendre cet éternel chant des Rossignols!

Vous connaissez mon pays natal : quelques toits gris entre

deux roches, et si peu de terre tout autour que le sable de ses torrents, poussière de silex où luisent des paillettes d'or, versé dans un verre d'eau claire, retombe au fond, solide et lourd, sans même en troubler le cristal. L'an passé, lorsque je vins y chasser la grive, l'endroit me parut rude encore, bien qu'un canal récemment creusé et des travaux de reboisement aient amené un semblant de végétation sur les pentes brûlées où, en dépit de la dent des chèvres, commence à verdir le cytise, et le long de la route poudreuse que borde désormais un double rang de platanes. Mais rien ne saurait donner une idée de ce qu'était sa désolation aux jours heureux de mon enfance.

Sans promenades et sans jardins, avec ses rues étroites coupées d'escaliers et de voûtes, ses maisons serrées et pressées, prisonnière dans ses remparts que les guerres de religion ont troués de brèches, la vieille ville, après trois siècles, semblait encore vivre assiégée. Et c'était un dur siège, aux jours de chaleur, que celui du soleil en armes. Sur les Lices, dont tous les ormeaux étaient morts, sur les aires publiques, immenses et pavées de galets blancs qu'encadrait un peu de gazon, pas un arbre, pas un abri : rien que la croix des Missions, gigantesque et noire dans le bleu du ciel. Un désert qu'il fallait traverser avant d'atteindre la campagne ! Et quelle campagne ! De grands carrés d'épis roussis, entre un vallon sans eau égayé d'églantiers et de ronces, et un coteau maigrement planté où, tout le long du jour, avec des cris d'hérétiques qu'on grille, les cigales s'égosillaient. Aussi, une fois les paysans partis à la fraîcheur du matin, personne ne sortait plus guère ; et souvent même, écoliers en maraude qui avions fait partie de manquer la classe d'après-midi, il nous arriva de reculer devant cette mer de flamme, une fois à l'extrême bord de l'étroit promontoire que jetait au milieu l'ombre portée de la grande tour.

Mais le soleil couchant amenait la délivrance. Aussitôt la nuit venue, la ville entière, soupirant après l'air pur et la brise, débordait par l'unique portail. A cette heure-là, dans un trou de ruine, toujours une chouette chantait, et les familles s'asseyaient par groupes au pied des remparts pour se régaler silencieusement du cri monotone et doux de la chouette.

On allait ainsi de compagnie jusqu'aux Cordeliers, couvent d'avant 89, devenu là propriété d'un maniaque : le brave M. Mistre, qui laissait son jardin sans culture. Là, sur un vieux plant de lierre, ombrageant une source vive, de temps immémorial, un rossignol habitait.

C'était le rossignol de M. Mistre! rossignol célèbre, que les gens venaient entendre de loin, car jamais, dans cette contrée paradoxalement sèche et nue, personne n'avait connu d'autre rossignol que le rossignol de M. Mistre.

Parti tout petit de là-bas, je n'y retournai qu'en 1871, la paix signée; il m'avait fallu comme à tant d'autres, pour me rabattre au nid, l'effroyable tempête de l'invasion. C'était au printemps, la seule saison qui, chez nous, donne aux champs un peu de fraîcheur fugitive; et je voyais par delà les maisons, de ma fenêtre, les oliviers s'argenter sous le vent qui passe, et les amandiers poudrer de leur neige la verdure des jeunes blés. Mais sombre, épris de solitude, d'avance exaspéré par la crainte des interrogations banales, huit jours durant je restai enfermé. Puis, un beau soir, l'envie me prit, enfantine et irrésistible, d'aller entendre comme autrefois le rossignol de M. Mistre. Certain de passer inaperçu, je franchis le portail d'où me salua la chouette. Je suivis la route accoutumée et, le cœur serré d'émotion, je reconnus le vieux jardin, la source d'eau vive et le lierre. Tout à coup, la lune paraissant, le rossignol de M. Mistre chanta. Et aussitôt, jugez de ma surprise, l'un après l'autre, de tous les coins de l'horizon, comme autant d'échos qui s'éveillent, deux rossignols, vingt rossignols répondirent au rossignol de M. Mistre...

Onze heures sonnaient quand je repris le chemin de la ville.

Devant un cabaret hors des murs, sous la treille, parmi les larges feuilles velues et les grands calices jaunes, à ce moment refermés et endormis, des courges grimpantes, quelques paysans attablés avaient suspendu par son croc la lampe en fer, de forme antique, en usage là-bas. Dans la tranquillité de l'air elle brillait dorée et pure comme l'huile dont sa flamme s'alimente. Un rossignol qu'attirait la lumière préludait au-dessus des buveurs. Je m'arrêtai, ils me reconnurent, il fallut goûter au muscat.

— « Vous rappelez-vous, autrefois, le rossignol de M. Mistre? Il a de la concurrence maintenant! »

On se demandait ce qui pouvait bien avoir ainsi attiré tous ces rossignols, et l'on décida que ce devait être les nouveaux canaux, les arrosages, la verdure... Mais un vieux qui n'avait pas parlé, un vieux dont le chapeau portait un crêpe neuf :

— « C'est la guerre ! moi je maintiens que c'est la guerre !... »

Mon voisin me dit à l'oreille :

— « Il a eu son fils tué, depuis il est un peu fou. »

Cependant le vieux nous expliquait longuement qu'en 1870, après avoir traversé les mers, comme toujours, au retour de la belle saison, et trouvant, du côté du Nord, le ciel encore obscurci de poudre, l'air frémissant encore des derniers échos du canon, la France ravagée rouge encore de tant de batailles, les oiseaux voyageurs, pécaïre ! de toutes leurs forces, à tire-d'aile, s'en étaient bien vite retournés.

— « Ils n'ont voulu s'arrêter qu'ici, où le massacre n'est pas venu. Je les ai vus arriver, un soir, à la brume; ils étaient tant et tant que tout le ciel semblait en deuil... »

Une larme qui ne coula qu'à demi fit briller les yeux du pauvre homme. Il y eut un moment de silence; et, sur la treille en fleurs, le rossignol se remit à chanter.

Voilà pourquoi le rossignol m'attriste quand il chante, et voilà pourquoi, dans nos montagnes, par une cruelle ironie, l'année de la guerre, l'année terrible, s'appelle l'année des rossignols.

LES SAUCISSES

L'HEURE a sonné, voici les vacances !

C'est le moment du retour, des dîners en famille : grands récits, énormes histoires, tours pendables joués aux pions, farces que l'imagination colore à distance, souvenirs du *plus beau temps de la vie* évoqués par de vieux messieurs qui, au contact d'une vie d'enfance, se sentent redevenir collégiens. Et les enfants écoutent, ravis en même temps qu'étonnés, de voir un galopin de tous points semblable à eux, apparaître à travers le *pater familias* vénérable.

— « Pour moi, la plus belle histoire que je me rappelle,

c'est celle de Tastavin et de ses saucisses... Tu sais bien, ce brave Tastavin qui voulut être cordonnier?

Notre collège était un délicieux collège; nous y vivions à peu près libres, arrivant à l'heure des classes pour reprendre aussitôt notre vol, la classe finie.

On était censé faire des devoirs, étudier des leçons; mais les devoirs s'écrivaient et les leçons s'apprenaient généralement en pleine campagne, face à face avec la nature. Éducation semi-agreste, qui fortifiait nos jeunes poumons, et permettait à notre principal de faire l'économie d'un maître d'études.

Le costume était simple, en harmonie : pas de chapeau, peu de souliers, rien qu'une culotte et une blouse, ornées d'ailleurs de jours nombreux à cause d'une habitude que nous avions de couper toujours au plus court, par haine des chemins frayés, et de passer à quatre pattes sous les haies pour ne pas manquer le coup de cloche.

Ce fut un beau tapage dans la ville quand un principal nouvellement débarqué, l'abbé La Quadrette, excellent homme d'humeur autoritaire et guerrière, déclara qu'il voulait réformer le collège, et quand il commença sa réforme en décrétant qu'à l'avenir, ainsi que des lycéens, nous porterions le costume militaire.

Nos papas s'enorgueillirent; mais nos mamans firent remarquer que, sans compter le drap, les fournitures seules : képi d'ordonnance à trèfle d'or, boutons historiés et ceinturon en cuir verni avec plaque aux armes municipales, coûteraient, au bas mot, chez le quincaillier dépositaire, la somme de 27 francs!

L'opposition fut vive. L'abbé tint bon cependant, et il eut raison de tenir bon! car, le jour où l'on nous vit défiler le long de la Grand'Rue, deux par deux, au son du tambour, tous tondus, tous le képi sur l'œil et redressés dans nos tuniques, avec l'abbé La Quadrette en flanc, qui marquait le pas et portait sa canne de jonc comme un sabre, ce jour-là, mamans et papas pleurèrent de joie.

Après la promenade : carte blanche et congé.

— « Surtout, prenez garde à vos uniformes ! »

C'était le jour de la Saint-Dominé, saint local peu connu hors de sa commune.

Ce saint possède, pas loin des remparts, une chapelle dans un pré, avec une source à côté de la chapelle. On allait jadis là, un jour par an, entendre la messe et dîner sur l'herbe.

Depuis la Révolution, il n'y a plus de messe; mais la coutume s'est conservée du dîner sur l'herbe, près de la source, à l'ombre de la chapelle en ruines. Deux mois à l'avance les gamins du pays en rêvent et préparent leurs provisions.

Tastavin (car enfin il faut en arriver à Tastavin) me proposa, cette fois-là, de faire la *Saint-Domine* avec lui. Il avait déjà en lieu sûr, cachée dans la paille, une bouteille de chartreuse verte, sur la provenance de laquelle il ne s'expliqua que vaguement.

— « De plus, ajoutait Tastavin, on a tué le cochon, voici quinze jours, et les saucisses doivent être bonnes. »

Une après-midi, tout le monde absent, nous pénétrâmes,

Tastavin et moi, dans la cuisine. Sur l'étagère la plus haute, il y avait des jarres en rangées.

Tastavin me dit :

— « C'est là, tu vas voir ! »

Tastavin pousse la table, grimpe dessus, atteint une jarre, plonge le bras dedans, à l'aveuglette, et s'écrie :

— « J'en tiens une, de saucisse, elle est grosse comme une bouteille ! »

Après quoi, se ravisant :

— « Coquin de sort ! je me suis trompé, c'étaient les saucisses à l'huile ! »

Spectacle lamentable. En effet, sur la manche en drap vert, de la patte de l'épaulette aux passepoils écarlates du poignet, coulait à flots d'or l'huile vierge.

— « Est-ce que ça se voit ? » demanda Tastavin.

Je lui répondis :

— « Ça se voit !... »

Devenu inquiet, Tastavin avait retiré sa tunique :

— « Tu as raison : sur la manche, ce n'est plus la même couleur. »

Puis, ayant réfléchi, et subitement inspiré :

— « Si je frottais de l'huile partout, la tache n'y paraîtrait plus. »

Et alors Tastavin huila sa tunique de fond en comble.

Quel dîner, mes amis ! Dîner sur l'herbe, saucisse nouvelle et chartreuse verte ! Seulement, à la rage du grand soleil, Tastavin, tout imprégné d'huile, répandait une certaine odeur.

Après le repas, la tête échauffée, nous allâmes, avec Tastavin, faire une partie de boules, sur la grand'route.

Chez nous, les routes sont poudreuses. On enfonce jusqu'aux genoux; c'est blanc et vous diriez de la farine.

Tastavin s'amusait beaucoup.

Soudain quelqu'un pousse un cri d'horreur.

Pendant que nous autres nous devenions blancs, Tastavin était devenu jaune sale.

Sur son dos huilé, la poussière, se changeant en boue, avait fini, succession de graisseuses couches, par constituer une croûte épaisse, rugueuse et articulée aux jointures comme l'armure d'un chevalier ou la carapace d'un homard.

Fétide et hideux, Tastavin riait :

— « Ça se voit donc ? »

— « Ça se voit ! » lui dis-je.

Tout le monde après moi, affirma que *ça se voyait*.

Et Tastavin s'enfuit, comprenant soudain son indignité.

Ses amis, dont j'étais, le poursuivirent à coups de pierre jusqu'au collège. »

Telle est, transcrite naïvement, l'histoire restée populaire, parmi les écoliers du Midi, de Tastavin et de ses saucisses à l'huile.

LE BON TOUR D'UN SAINT

CECI sera donc l'aventure du Diable et du Saint, aventure aussi admirable que véridique.

Je vous la raconterai simplement, telle qu'elle m'a été racontée, il n'y a pas plus de huit jours, par un vieux pâtre en manteau couleur d'amadou qui, tandis que ses chèvres paissaient, s'était étendu au grand soleil et prenait le frais à la provençale.

— « En ce temps-là, me dit le vieux pâtre, le Diable et le Saint, chacun de son côté, prêchaient dans les Alpes. Il est bon de savoir qu'en ce temps-là les Alpes valaient la peine qu'on y prêchât. Les torrents n'avaient pas encore emporté toute la bonne terre en Provence, ne laissant aux pauvres gens d'ici que le roc blanc et les cailloux; les montagnes, décharnées maintenant, s'arrondissaient pleines et grasses; des bois verdoyaient sur les cimes, et les sources coulaient partout. En si beau pays, le Diable et le Saint faisaient assez bien leurs affaires. Ils convertissaient d'ici, de là, l'un pour le Paradis, l'autre pour l'Enfer. Le Saint enseignait tout ce qu'il savait, c'est-à-dire le chemin du ciel, un peu de latin et de prières; le Diable apprenait aux gens à s'occuper plutôt des biens terrestres, à bâtir des maisons, semer le blé et planter la vigne. Bons amis, d'ailleurs, ne s'en voulant pas trop pour la concurrence (le Diable du moins le croyait!) et s'arrêtant volontiers au détour d'un chemin pour causer un instant et se passer la gourde.

Certain jour, paraît-il, au soleil couchant, le Diable et le Saint se rencontrèrent à la place même où nous sommes : le Saint en costume de saint, crossé, mitré, nimbé, doré; le Diable, noir et cuit à son habitude, cuit comme un épi, noir comme un grillon.

— « Eh! bonjour, Saint.
— « Eh! bonjour, Diable.
— « Alors nous rentrons?
— « C'est l'heure de la soupe?
— « Si on s'asseyait sur cette roche? La vue de la vallée est belle, et la fraîcheur qui monte fait du bien. »

Il y avait là un peu de mousse sèche. Le Diable et le Saint s'assirent côte à côte, le Diable sans défiance et joyeux, car il avait fait bonne journée, le Saint dévoré de sournoise jalousie, et jaune comme sa mitre d'or.

— « Voyons, ça va-t-il ? dit le Diable.

— « Ça ne va pas mal, ça ne va pas trop mal ! répondit le Saint. Les simples d'esprit deviennent rares, et j'ai parfois des moments durs ; néanmoins, au bout de l'an, on se retrouve.

— « Voilà qui fait plaisir ! Allons, tant mieux !

— « J'ai même trouvé moyen, ce mois dernier, de me bâtir une chapelle, petite il est vrai ! c'est un commencement. Veux-tu que je te la montre ?

— « Volontiers, si ce n'est pas loin. »

Et les voilà partis tous deux, le Saint en tête, le Diable derrière, suivant les vallons, gravissant les pentes, dans les grands buis, dans les lavandes, montant sans cesse, montant toujours.

— « Mais c'est au ciel que tu demeures ?

— « Non, simplement en haut de la montagne. La place est bonne ; on aperçoit le clocher de loin, et, quand je donne ma bénédiction, vingt lieues de pays tout au moins en attrapent les éclaboussures. »

Enfin ils arrivent à la chapelle.

— « Joli ! très joli ! dit le Diable en regardant par le trou de la serrure, car l'eau bénite l'empêchait d'entrer. Les bancs sont neufs, les murailles blanchies à la chaux, ton portrait sur l'autel me semble d'un effet magnifique : je te fais mon sincère compliment.

— « Tu dis ça d'un ton !

— « De quel ton veux-tu que je le dise ?

— « C'est donc mieux, chez toi ?
— « Un peu plus grand, mais voilà tout.
— « Allons-y voir ! répondit le Saint.
— « Allons-y ! répondit le Diable, mais à une petite condition : c'est qu'une fois dedans tu ne feras pas de signe de croix ; vos signes de croix portent malheur aux bâtisses les mieux construites.
— « Je te le promets.
— « Ça ne suffit pas : jure-le-moi !
— « Je te le jure ! » dit le Saint qui avait déjà son idée.

Aussitôt, un char de feu parut, et tous deux, si vite, si vite, qu'ils n'eurent pas le temps de voir le chemin, se trouvèrent transportés dans le plus magnifique palais du monde. Des colonnes en marbre blanc, des voûtes à perte de vue, des jets d'eau qui dansaient, des lustres, des murs en argent et en or, un pavé en rubis et en diamant, tous les trésors de dessous terre.

— « Eh bien ? demanda le Diable.
— « C'est beau, très beau ! murmura le Saint devenu vert. C'est beau d'ici, c'est beau de là ; c'est beau à gauche, c'est beau à droite ! »

En disant cela, le Saint montrait du doigt les quatre coins de l'édifice. Ainsi, sans manquer à son serment, il avait fait le signe de croix. Aussitôt, les colonnes se rompirent, les voûtes s'effondrèrent. Le Saint, qui avait eu soin de se tenir près de la porte, n'eut pas de mal, mais le Diable, pincé sous les décombres, se trouva encore trop heureux de reprendre, pour se sauver à travers les pierres, son ancienne forme de serpent.

— « Joli tour, bien qu'un peu canaille !

— « Les deux chapelles, celle du Diable et celle du Saint, sont encore là-bas, on peut les voir ! » conclut le vieux pâtre sans avoir l'air de m'avoir entendu.

Il me montrait sur le flanc du roc une chapelle rustique construite à l'entrée d'une grotte que j'avais visitée avant d'en connaître la légende, et qui, avec ses parois étincelantes de cristaux, sa voûte à jour, ses couloirs obstrués, ses rangées de blanches stalactites, peut donner en effet l'idée d'un palais féerique écroulé.

UN
HOMME HEUREUX

Notre voisin, un bon voisin ce qui devient rare ! s'appelait Mïus de la Celeste, les gens ayant la coutume chez nous de donner à l'homme le nom de sa compagne quand celle-ci est maîtresse-femme et se distingue en bien ou en mal par quelque chose de peu ordinaire. Hélas ! depuis longtemps la Celeste dormait le long de l'église, et le vieux Mïus, malgré son grand âge, persistait à vivre seul dans un bien qu'il possédait au quartier des Hubacs, loin de la ville.

Pas très gai, le quartier des Hubacs : supportable à peine

au printemps, avec ses rangées d'amandiers fleuris et blancs au milieu des blés qui verdoient, mais déplorablement désolé quand, une fois les récoltes enlevées, il ne reste plus entre les chaumes, sous les amandiers recroquevillés, que la terre sèche et poudreuse où luisent des fragments de silex noir.

La bastide du vieux Mïus n'en paraissait que plus galante par contraste; et l'on aurait dit que toute l'humide fraîcheur de ce maussade revers de montagne s'était écoulée, ramassée au creux de son vallon. Un modeste vallon, d'ailleurs : d'abord simple déchirure de marne bleue, « *lavine* » bientôt élargie et devenue propre aux cultures, mais tout de suite coupée en travers par le lit pierreux d'un torrent. Seulement, de la « *lavine* » au torrent, tenait, en tout petit et comme résumé, un véritable domaine. Là-haut, ressource précieuse pour le chauffage et les fumiers, un bosquet de chênes jetait son ombre; au-dessous, le coteau produisait, bon an mal an, trois ou quatre airées; quelques pieds d'oliviers, un peu de vigne; et, dans le fond, la bande verte d'un excellent pré.

Le tout acquis autrefois très bon marché, « pour un morceau de pain, » disait le vieux Mïus qui, sur le conseil d'un avocat, son camarade de chasse, avait enlevé les Hubacs aux enchères et sans concurrence, en 1851, immédiatement après l'essai de résistance au coup d'État, alors que les prisons étaient pleines et que les gens traqués songeaient à autre chose qu'à s'arrondir.

Ajoutons que les Hubacs dataient de la Restauration. Un enfant du pays parti simple soldat et revenu des champs de bataille de l'Empire avec les épaulettes de gros-major s'était plu à embellir cette seigneurie en miniature d'après un idéal et des souvenirs sans doute rapportés d'Italie. Il en avait fait une villa comme on en voit autour de Gênes. De là, sur les murs, ces noms de victoires et de pays lointains, encadrant des fresques effacées; de là ce balcon en terrasse dont les six piliers de grès rouge portaient les sarments tordus d'une treille, et ce jardin planté de rosiers embroussaillés au milieu d'une enceinte de cyprès, de lauriers et de grenadiers. Je n'affirmerais pas que le vieux Mïus y fût sensible, mais, dans leur abandon paysan, les Hubacs, il y a quelques années, conservaient encore je ne sais quoi de poétiquement virgilien.

J'étais à notre bastidon de la Cigalière, une après-midi du mois d'août, lorsque, à travers le vacarme infernal que faisaient les cigales, il me sembla que quelqu'un m'appelait.

— « C'est le vieux Mïus qui vous *crie*, affirma un journalier; je l'avais laissé tout à l'heure en train de déchausser les racines d'un peuplier qu'il voulait abattre, pourvu qu'il ne lui soit pas arrivé malheur !... »

Et, tandis qu'avec une sage lenteur, le journalier passait sa veste, je partis en courant vers les Hubacs, par le sentier pendant, bordé de gazon grillé, d'où s'élevaient des sauterelles en vols si drus qu'elles me cinglaient le visage comme une mitraillade de balles.

Le vieux Mïus n'avait aucun mal. Tout joyeux et ragaillardi, il arrivait à ma rencontre.

— « Ne courez pas si fort, rien ne presse; la source, Dieu merci ! n'est pas près de tarir.

— « Vous avez donc trouvé la source ? »

— « Tout à l'heure, par un miracle. Ah ! je savais bien qu'elle y était, et que le Gros-Major n'avait pas construit pour rien ce grand réservoir que les maigres larmes de ma fontaine ne rempliraient pas en un an... L'avais-je assez cherchée, un peu partout, la source perdue ? et s'était-on assez gaussé de moi quand je faisais tourner la baguette !... Je la tiens maintenant, regardez plutôt. »

Il me montrait, en effet, à côté d'un peuplier renversé racines en l'air, un trou profond d'où sortait une eau bouillonnante.

— « Ça ferait tourner un moulin !... Mais vous figurez-vous ma surprise quand, le peuplier tombant, j'ai vu entre deux grosses pierres, à la place où étaient les racines, tant de belle eau claire jaillir. »

Des larmes plein ses yeux plissés, avec cette adoration de l'eau que nos paysans du Midi semblent avoir hérité des Maures, il s'agenouillait et puisait à la source dans le creux de ses mains dures et rouges, d'où s'écoulaient des fils d'argent comme d'une poterie fêlée.

— « Goûtez, pour voir comme elle est douce ! »

Puis, tout à coup une idée lui vint :

— « Et *Petit-Poucet*, et *Samson*, et *Chut* qui n'en savent rien ! »

Le vieux Mïus siffla d'une certaine façon. Aussitôt un âne, un chien, un canard, tous les trois paraissant très vieux, tous les trois marchant à la file, arrivèrent du bout du pré.

— « Vont-ils s'en donner, les gaillards ?... Tenez : Petit-

Poucet qui barbote déjà, et Samson qui se met à braire. Chut ne dit rien selon son habitude, mais il est content, il remue la queue; il sait que l'eau fait l'herbe, que l'herbe fait le mouton, et que le mouton fait les côtelettes... Maintenant, pour fêter ma chance, il s'agirait de déboucher une bouteille de vin gris. »

Bon vin ce vin gris, fabriqué par le vieux Mïus avec les raisins grecs de sa treille ; bon vin, certes, et meilleur encore quand on le boit ainsi en plein air, sur un banc de pierre, à la porte même d'une cave creusée dans la pente du sol.

Le canard nous avait suivis.

— « Il ne me quitte jamais d'un pas, racontait le vieux Mïus en lui jetant du pain ; quand je pars des Hubacs, il m'accompagne amicalement jusque là-haut à ma limite. Sans jamais s'écarter plus loin, par exemple ! car il connaît son cadastre comme un arpenteur... Et dire que j'ai voulu le vendre ! Oui, un jour, histoire de rendre service, je le cédai à l'aubergiste du Soleil-d'Or, qui en avait besoin pour un repas de noces... Savez-vous ce que fit le canard ? c'est depuis, que je l'ai surnommé Petit-Poucet, eh bien, le canard s'échappa et revint tout seul jusqu'ici. Trois kilomètres de chemin que certainement il ne connaissait pas, puisqu'on l'avait emporté à la ville dans un panier... J'étais à l'affût ce soir-là ; je le voyais, pécaïré ! descendre le sentier, clopin clopant, sous le clair de lune, comme quelqu'un qui sait où il va, et je faillis, ma foi ! le tuer, le prenant au moins pour une outarde. »

A ce moment l'ombre portée de deux oreilles se profila sur le mur blanc.

— « Allons, bon ! voici les deux autres : Samson et son inséparable. Chut ne le quitte jamais ; et, dame ! on s'aimerait à moins, Samson lui ayant sauvé la vie. Un jour j'étais allé au Communal avec l'âne et suivi du chien pour rapporter un faix de litière. Tout affectionné à couper mes buis, j'entends soudain dans un creux des aboiements épouvantables. Il faisait petit jour, heure où les blaireaux rentrent au terrier, et le chien venait d'en surprendre un qui était de taille. Se roulant en boule, le blaireau avait fini par saisir le chien à la gorge ; or, le blaireau a la dent cruelle et ne lâche plus quand il tient. Que faire ? J'avais bien mon fusil, pris avec l'espoir de rencontrer un lièvre, mais je n'y voyais pas très clair et, en tirant, je risquais de tuer Chut... Qui ne vous a pas dit que l'âne eût plus de courage que moi ? Pendant que je perdais mon temps à calculer, lui, à force de se secouer, venait à bout d'arracher sa longe ; il arrivait droit sur le blaireau, lui cassait net l'échine d'un coup de mâchoire, et puis l'achevait, piétinant et montrant les dents comme s'il avait eu envie de rire... Depuis cette affaire, Chut est grand ami de Samson, et Samson n'a n'a pas de plus grand bonheur que lorsque je lui permets de coucher près de Chut, sur la paille de l'écurie. »

Samson et Chut écoutaient, ayant l'air de certifier l'histoire, tandis que le canard, se dodelinant entre nos jambes, poussait de petits coin-coin approbatifs.

— « Que voulez-vous, conclut le vieux Mïus, tous les gens de mon temps sont morts, il n'y a plus que mes bêtes qui m'aiment... »

Nous bûmes un dernier coup là-dessus, à la santé de la

source. Le soleil venait de disparaître derrière la montagne, brusquement. Vers les lointains assombris commençait le chœur vespéral des rainettes. Il n'était que temps de partir. Le vieux Mïus m'accompagna, suivi de son canard, jusqu'à la limite du champ.

Et, songeant aux tracas sans but que nous crée la vie parisienne, seul sur le chemin, dans la mélancolie de la nuit tombante, je me pris à envier cet homme heureux.

TABLE

TABLE

	Pages
Dans les Chataigniers	1
Le Fifre rouge	7
Les Clous d'or	13
Les Mocassins	21
Le Géant	27
On ferme!	33
Propos de Chasse	39
Soleil pour Perroquets	47
La Paysanne	53
Au coin du Feu	59

	Pages
Monsieur Jérome.	65
Le Merle.	71
Sur le pont des Arts.	77
La Dernière Souche.	81
Les Braves Gens.	87
L'Apprentissage de Sextius.	95
Pêche a l'Oursin.	101
L'Enfant prodigue.	109
Le Bon Voleur de Giropey.	117
La Bouillabaisse.	123
Les Haricots de Pitalugue.	131
Le Démon de la Nature morte.	145
Chasse au Furet.	161
Un Poète qui fait son Pain.	169
L'Homme volant.	175
Mon ami Naz.	181
Un Peintre de Fleurs.	187
Crane de Nègre.	193
Les Anes malades.	199
Le Champ du Fou.	203
La Mort des Cigales.	211
Mes Hirondelles.	219
Le Tambour de Roquevaire.	229
Vieille Noblesse.	239
Les Faux Nègres.	245

TABLE.

	Pages
Le Renard aveugle	253
L'Année des Rossignols	259
Les Saucisses	265
Le Bon tour d'un Saint	271
Un Homme Heureux	277

Achevé d'imprimer

le dix-huit novembre mil huit cent quatre-vingt-sept

PAR

ALPHONSE LEMERRE

(Aug. Springer, *conducteur*)

25, RUE DES GRANDS-AUGUSTINS

PARIS

www.ingramcontent.com/pod-product-compliance
Lightning Source LLC
Chambersburg PA
CBHW071512160426
43196CB00010B/1493